Conférences sur le rideau de Mme Caudle

Douglas Jerrold

Writat

Cette édition parue en 2024

ISBN : **9789359940694**

Publié par
Writat
email : info@writat.com

Contenu

PRÉFACE DE L'AUTEUR

Il est arrivé à l'écrivain que deux, ou trois, ou dix, ou vingt dames lui ont demandé - et lui ont demandé dans diverses notes d'étonnement, de pitié et de reproche -

« Qu'est-ce qui a bien pu vous faire penser à Mme Caudle ?

« Comment une telle chose a-t-elle pu entrer dans l'esprit de quelqu'un ?

Il y a des sujets qui semblent comme des gouttes de pluie tomber sur la tête d'un homme, la tête elle-même n'ayant rien à voir avec l'affaire. Résultat d'aucune pensée, voilà l'image, la statue, le livre, introduits, comme la plus petite graine, dans le cerveau pour se nourrir du sol, tel qu'il peut être, et y pousser. Et ce fut sans doute la cause accidentelle de l'ensemencement et de l'expansion littéraire – se déployant comme une fleur nocturne – de MRS. CAUDLE.

Mais laissez un jury composé de dames décider.

C'était un après-midi d'hiver épais et noir, lorsque l'écrivain s'est arrêté devant la cour de récréation d'une école de banlieue. Le sol grouillait de garçons pleins de vacances du samedi. La terre semblait recouverte du plomb le plus ancien, et le vent venait des Minories , tranchant comme le couteau de Shylock . Mais ces joyeux garçons couraient et sautaient, et sautaient, et criaient, et... des hommes inconscients en miniature ! - dans leur propre monde de gambades, ils n'avaient aucune idée des hommes en pied qu'ils deviendraient un jour ; attiré vers une citoyenneté grave; formel, respectable, responsable. Pour eux, le ciel était de toutes les couleurs ; et pour ce vent d'est vif - si on l'appelait le vent d'est - coupant les omoplates des vieillards de quarante ans {1} - ils, dans leur immortalité d'enfance, avaient les visages les plus rouges et le sang le plus agile pour cela.

Et l'écrivain, regardant rêveusement ce terrain de jeu, songeait encore à la gaieté robuste de ces petits gars, pour qui le collecteur d'impôts était encore un animal plus rare que les bébés hippopotames. Enfance héroïque, si ignorante de l'avenir dans la jouissance consciente du présent ! Et l'écrivain, toujours en train de rêver et de réfléchir, et sans suivre aucune ligne de pensée distincte, frappa alors sur lui, comme les notes d'une musique domestique soudaine, ces mots : CONFÉRENCES SUR RIDEAU.

Un instant, il n'y avait aucun objet vivant à part ces garçons qui couraient et criaient ; et le suivant, comme si une colombe blanche s'était posée sur la main de l'écrivain, il y avait - MME. CAUDLE.

Mesdames du jury, n'y a-t-il pas donc des sujets de lettres qui affirment mystérieusement un effet sans aucune cause décelable ? Sinon, pourquoi l'idée des CONFÉRENCES RIDEAUX devrait-elle surgir d'une cour d'école - pourquoi, parmi une foule d'écoliers en vacances, devrait apparaître MME. CAUDLE ?

En ce qui concerne les CONFÉRENCES elles-mêmes, il est à craindre qu'elles soient abandonnées comme une profanation ridicule d'un privilège solennel consacré ; cela peut être, exercé une fois dans sa vie, - et cela une fois ayant pour effet cent répétitions, comme Job l'a sermonné à sa femme. Et la femme de Job, raconte un certain écrivain mahométan, ayant commis une faute d'amour envers son mari, il jura qu'à son rétablissement, il lui infligerait cent coups. Job s'est rétabli, et son cœur a été touché et enseigné par la tendresse de garder son vœu, et encore de châtier son compagnon ; car il la frappa une fois avec une branche de palmier à cent feuilles.

DOUGLAS JERROLD.

INTRODUCTION

Le pauvre Job Caudle était l'un des rares hommes que la nature, dans sa générosité occasionnelle envers les femmes, envoie au monde comme de patients auditeurs. Il était peut-être, à plus d'un titre, tout ouïe. Et ces oreilles, Mme Caudle – son épouse légitime et mariée, comme elle le ferait toujours et de temps à autre, car elle n'était pas une femme à porter des chaînes sans les secouer – en prit entière et seule possession. Ils étaient sa propriété entière ; aussi expressément conçu pour transmettre au cerveau de Caudle le flot de sagesse qui coulait continuellement des lèvres de sa femme, que l'était l'entonnoir en étain à travers lequel Mme Caudle, au moment des vendanges, mettait en bouteille son vin aîné. Il y avait pourtant cette différence entre la sagesse et le vin. Le vin était toujours sucré : la sagesse, jamais. C'était une expression crue du cœur de Mme Caudle ; qui, sans doute, comptait sur la douceur du caractère de son mari pour se mettre d'accord avec lui.

Les philosophes se sont demandé si le matin ou le soir était le plus propice aux impressions morales les plus fortes et les plus claires. Le sage grec avoua que ses travaux sentaient la lampe. De la même manière, la sagesse de Mme Caudle sentait la lumière des joncs. Elle savait que son mari était trop distrait par son métier de marchand de jouets et de poupées pour digérer ses leçons au grand jour. D'ailleurs, elle ne pouvait jamais s'assurer de lui : il risquait toujours d'être convoqué au magasin. Or, de onze heures du soir jusqu'à sept heures du matin, il n'y avait pas de retraite pour lui. Il était obligé de mentir et d'écouter. Peut-être y avait-il là peu de magnanimité de la part de Mme Caudle ; mais dans le mariage, comme dans la guerre, il est permis de profiter de tous les avantages de l'ennemi. En outre, Mme Caudle a copié une autorité très ancienne et classique. L'oiseau de Minerve, l'être le plus sage en matière de plumes, reste silencieux toute la journée. Tout comme Mme Caudle. Comme la chouette, elle ne hululait que la nuit.

M. Caudle avait la chance d'avoir une constitution indomptable. Un fait prouvera la vérité de cela. Il a vécu trente ans avec Mme Caudle, lui survivant. Oui, il a fallu trente ans à Mme Caudle pour faire la leçon et s'étendre sur les joies, les chagrins, les devoirs et les vicissitudes compris dans ce cercle apparemment petit - l'alliance. Nous disons, apparemment petit ; car la chose, vue à l'œil nu vulgaire, est un petit cerceau fait pour le troisième doigt féminin. Un manque! comme l'anneau de Saturne, pour le bien ou le mal, il fait le tour d'un monde entier. Ou, pour prendre une figure moins gigantesque, elle entoure une vaste région : ce peut être l'Arabie Félix, ou l'Arabie Pétrée.

Un cynique au cœur citronné pourrait comparer l'alliance à un cirque antique, dans lequel des animaux sauvages se griffaient pour le plaisir des spectateurs.

Périssons l'hyperbole ! Nous préférerions le comparer à un cercle d'elfes, dans lequel des fées dansantes faisaient la plus douce musique pour l'humanité infirme.

Les utilisations des anneaux sont multiples. Même les porcs sont apprivoisés par eux. Vous verrez un porc vagabond, hilarant et dévastateur - un individu pur sang qui saignerait dans de très nombreuses brasses de boudin noir - vous le verrez, évadé de sa propre maison, égaré dans le jardin d'un voisin . Comme il piétine le bien-être du cœur : comme, avec le museau frémissant, il déracine les lys, bulbes odorants ! Ici, il s'attaque imprudemment au thym et à la marjolaine, et ici il grignote des violettes et des giroflées . Enfin le maraudeur est détecté, saisi par son propriétaire, puis reconduit et battu chez lui. Pour rendre le porc moins dangereux, il est décidé qu'il sera *bagué* . La sentence est prononcée, l'exécution ordonnée. Écoutez ses cris !

« Ne penseriez-vous pas que le couteau était dans sa gorge ?
Et pourtant, ils ne font que l'ennuyer par le nez !

C'est pourquoi, pour toute l'avenir, le porc se comportera avec une sorte de convenance forcée, car dans chaque narine il porte un anneau. C'est, pour la grandeur de l'humanité, une pensée attristante que parfois les hommes ne doivent pas être mieux traités que les porcs.

Mais M. Job Caudle ne faisait pas partie de ces hommes. Le mariage avec lui n'était pas une nécessité. Non; pour lui, appelez cela, si vous voulez, une chance heureuse – un accident en or. Il nous suffit cependant de savoir qu'il était marié ; et a donc été devenue la récipiendaire de la sagesse d'une épouse. Mme Caudle, comme la colombe de Mahomet, picorait continuellement les oreilles du brave homme ; et c'est un bonheur d'apprendre de ce qu'il a laissé derrière lui qu'il avait gardé toutes ses paroles dans son cerveau ; et en outre, qu'il a employé la douce soirée de sa vie à écrire de telles paroles, afin qu'au moment opportun, elles puissent être inscrites dans des types impérissables.

Lorsque M. Job Caudle fut laissé dans ce monde de bruyères, sans son guide quotidien et sa surveillante nocturne, il était dans la plénitude de cinquante-sept ans. Pendant au moins trois heures après s'être couché – nous sommes habitués à de tels esclaves – il ne pouvait pas fermer les yeux. Sa femme parlait toujours à ses côtés. C'était vrai, elle était morte et décemment enterrée. Son esprit – c'était un réconfort de le savoir – ne pouvait s'égarer sur ce point ; cela, il le savait. Néanmoins, sa femme était avec lui. Le fantôme de sa langue parlait toujours comme dans la vie ; et Job Caudle entendit encore et encore les monitions des années passées. Parfois, les sons étaient si forts, si vifs, si réels, que Job, frissonnant, doutait d'être vraiment veuf. Et puis, d'un mouvement de bras, de pied, il s'assurait qu'il était seul dans sa Hollande. Néanmoins, les discussions se sont poursuivies. C'était terrible d'être ainsi hanté par une voix : d'avoir encore sur lui des conseils, des ordres, des remontrances, toutes sortes de scies et d'adages, et aucune femme visible. Maintenant, la voix parlait depuis les rideaux ; maintenant du testeur ; et maintenant cela murmura à Job depuis l'oreiller même sur lequel il pressait. « C'est une chose épouvantable que sa langue marche ainsi », dit Job, puis il pensa confusément à l'exorcisme, ou du moins aux conseils du curé de la paroisse.

Nous ne savons pas si Job a suivi son propre cerveau ou la sage direction d'un autre. Mais il résolut chaque soir de mettre sur papier une sermon de sa défunte épouse. Cet emploi pourrait peut-être faire disparaître le fantôme qui le hantait. C'était sa chère langue qui réclamait justice, et une fois ainsi satisfaite, elle pourrait peut-être reposer en paix. Et c'est ce qui s'est passé. Job a fidèlement relaté toutes les conférences de sa défunte épouse ; le fantôme de sa langue se tut désormais, et Job dormit toutes ses nuits en paix.

À la mort de Job, un petit paquet de papiers fut trouvé portant l'inscription suivante :

« Conférences de rideau données au cours de trente ans par Mme Margaret Caudle et subies par Job , son mari .»

Que M. Caudle ait eu les yeux rivés sur le futur imprimeur est rendu assez probable par le fait qu'à la plupart des endroits il avait apposé le texte - ce texte provenant en grande partie de sa propre conduite quotidienne - à la conférence de la nuit. Il avait aussi, avec une connaissance instinctive de la dignité de la littérature, laissé avec le manuscrit un billet de banque d'un montant très raisonnable. Conformément à notre devoir d'éditeur, nous sommes convaincus d'avoir rendu justice à ces deux documents.

CONFÉRENCE I -
M. CAUDLE A PRÊTÉ CINQ LIVRES À UN AMI

« Vous devriez être très riche, M. Caudle. Je me demande qui te prêterait cinq livres ? Mais c'est ainsi : une femme peut travailler et peut être esclave ! Ha, chérie ! les nombreuses choses qui auraient pu être faites avec cinq livres. Comme si les gens ramassaient de l'argent dans la rue ! Mais vous avez toujours été un imbécile, M. Caudle ! Cela fait trois ans que je voulais une robe en satin noir, et ces cinq livres l'auraient entièrement achetée. Mais peu importe comment je m'y prends, - pas du tout. Tout le monde dit que je ne m'habille pas comme il convient à votre femme - et ce n'est pas le cas ; mais qu'est-ce que cela vous fait, M. Caudle ? Rien. Oh non! vous pouvez avoir de bons sentiments pour tout le monde sauf pour ceux qui vous appartiennent. J'aimerais que les gens te connaissent, comme moi, c'est tout. Vous aimez être traité de libéral — et votre famille pauvre en paie le prix.

« Toutes les filles veulent des bonnets, et d'où ils viennent, je ne peux pas le dire. Cinq livres et demi les auraient achetés — mais maintenant ils doivent s'en passer. Bien sûr, *ils* vous appartiennent : et à n'importe qui sauf votre propre chair et votre propre corps, M. Caudle !

« L'homme a réclamé le tarif de l'eau aujourd'hui ; mais je voudrais savoir comment doivent payer les impôts des gens qui jettent cinq livres sterling à chaque homme qui le leur demande ?

« Peut-être que vous ne savez pas que Jack, ce matin, a fait tomber son volant à travers la fenêtre de sa chambre. J'allais faire venir le vitrier pour le réparer ; mais après que vous ayez prêté ces cinq livres, j'étais sûr que nous ne pouvions pas nous le permettre. Oh non! la fenêtre doit rester telle quelle ; et un beau temps pour qu'un cher enfant dorme avec une vitre cassée. Il a déjà un rhume aux poumons, et je ne devrais pas du tout me demander si cette vitre cassée l'a calmé. Si le cher garçon meurt, sa mort retombera sur la tête de son père ; car je suis sûr que nous ne pouvons pas payer maintenant pour réparer les fenêtres. Nous pourrions cependant faire bien plus de choses, si les gens ne jetaient pas leurs cinq livres.

« Mardi prochain, l'assurance incendie doit être payée. J'aimerais savoir comment c'est payé ? Eh bien, cela ne peut pas être payé du tout ! Ces cinq livres auraient largement suffi - et désormais, l'assurance est hors de question. Et il n'y a jamais eu autant d'incendies qu'aujourd'hui. Je ne fermerai jamais les yeux de la nuit, mais qu'est-ce que cela vous fait, pour que les gens puissent vous traiter de libéral, M. Caudle ? Votre femme et vos enfants risquent tous d'être brûlés vifs dans leur lit - comme nous le serons tous certainement, car l'assurance *doit* cesser. Et après tant d'années d'assurance ! Mais comment, j'aimerais savoir, assurer les gens qui fabriquent des canards et des drakes avec leurs cinq livres ?

«Je pensais que nous pourrions aller à Margate cet été. Voilà la pauvre petite Caroline, je suis sûr qu'elle veut la mer. Mais non, chère créature ! elle doit s'arrêter à la maison - nous devons tous nous arrêter à la maison - elle entrera dans une phtisie, cela ne fait aucun doute ; oui, doux petit ange ! - J'ai décidé de la perdre, *maintenant* . L'enfant aurait pu être sauvé ; mais les gens ne peuvent pas sauver leurs enfants et jeter eux aussi leurs cinq livres.

« Je me demande où est le pauvre petit Mopsy ! Pendant que vous prêtiez ces cinq livres , le chien est sorti en courant du magasin. Vous savez, je ne le laisse jamais sortir dans la rue, de peur qu'il ne soit mordu par un chien enragé et qu'il ne rentre à la maison et ne morde tous les enfants. Cela ne m'étonnerait pas du tout que l'animal revienne avec l'hydrophobie et la transmette à toute la famille. Cependant, qu'est-ce que votre famille pour vous, pour que vous puissiez jouer à la créature libérale avec cinq livres ?

« Entendez-vous ce volet, comment il claque d'avant en arrière ? Oui, - je sais ce qu'il veut aussi bien que toi ; il veut une nouvelle fixation. J'allais appeler le forgeron aujourd'hui, mais maintenant c'est hors de question : *maintenant* ça doit faire des nuits, puisque tu as jeté cinq livres.

"Ha! il y a de la suie qui tombe dans la cheminée. Si je déteste l'odeur de quelque chose, c'est bien l'odeur de suie. Et vous le savez; mais quels sont mes sentiments pour toi ? *Ramonez la cheminée* ! Oui, c'est très bien de dire ramoner la cheminée - mais comment ramoner les cheminées - comment les payer pour des gens qui ne prennent pas soin de leurs cinq livres ?

« Entendez-vous les souris courir dans la pièce ? Je les entends. S'ils devaient vous tirer du lit, cela n'aurait pas d'importance. *Préparez-leur un piège* ! Oui, c'est assez facile à dire : tendez-leur un piège . Mais comment les gens peuvent-ils s'offrir des pièges à souris, alors qu'ils perdent cinq kilos chaque jour ?

« Écoutez ! Je suis sûr qu'il y a du bruit en bas. Cela ne m'étonnerait pas du tout s'il y avait des voleurs dans la maison. Eh bien, c'est *peut* -être le chat ; mais les voleurs sont presque sûrs de venir une nuit. Il y a une misérable fermeture à la porte arrière ; mais ce n'est pas une époque où l'on peut s'offrir des boulons et des barres, où les gens ne veulent pas prendre soin de leurs cinq livres.

« Mary Anne aurait dû aller chez le dentiste demain. Elle veut qu'on lui arrache trois dents. Maintenant, cela ne peut pas être fait. Trois dents qui défigurent complètement la bouche de l'enfant. Mais là, ils doivent s'arrêter et gâter le visage le plus doux qui ait jamais été fait. Sinon, elle aurait été l'épouse d'un seigneur. Maintenant, quand elle sera grande, qui l'aura ?

Personne. Nous mourrons et la laisserons seule et sans protection dans le monde. Mais qu'est-ce que ça te fait ? Rien; pour que vous puissiez gaspiller cinq livres.

« *Et ainsi* », commente Caudle, « *selon ma femme , chère âme ! - nous ne pouvions pas avoir de robe de satin - les filles ne pouvaient pas avoir de nouveaux bonnets - le prix de l'eau devait rester supérieur - Jack devait mourir à cause d'une vitre brisée - notre assurance incendie ne pouvait pas être payée , donc nous devrions tous tombaient victimes de l'élément dévorant - nous ne pouvions pas aller à Margate et Caroline irait dans une tombe précoce - le chien rentrait à la maison et nous mordait tous fous - le volet claquait pour toujours - la suie tombait toujours - les souris ne nous laissent jamais dormir - les voleurs s'introduisent toujours dans la maison - notre chère Mary Anne reste à jamais une servante sans protection - et avec d'autres maux qui s'abattent sur nous , tout* cela *parce que je continuerais à en prêter cinq. livres sterling* !"

"Pauvre de moi! Ha! Je suis sûr que je ne sais pas qui serait une pauvre femme ! Je ne sais pas qui s'attacherait à un homme, s'ils ne connaissaient que la moitié qu'ils auraient à supporter. Une femme doit rester à la maison et être une corvée, tandis qu'un homme peut aller n'importe où. Il suffit à une femme de s'asseoir comme Cendrillon près des cendres, tandis que son mari peut aller boire et chanter dans une taverne. *Tu ne chantes jamais* ? Comment puis-je savoir que tu ne chantes jamais ? C'est très bien à vous de le dire ; mais si je pouvais t'entendre, j'oserais dire que tu es parmi les pires d'entre eux .

« Et maintenant, je suppose, ce sera la taverne tous les soirs ? Si vous pensez que je vais vous défendre, M. Caudle, vous vous trompez lourdement. Non : et je ne vais pas non plus sortir de mon lit bien chaud pour te laisser entrer. Non : Susan et Susan ne veilleront pas non plus à votre place. Non : vous n'aurez pas non plus de clé. Je ne vais pas dormir avec la porte sur le loquet, pour être assassiné avant le matin.

« Putain ! Pah ! Ouf ! Cette sale fumée de tabac ! C'est suffisant pour tuer n'importe quelle femme honnête. Tu sais que je déteste le tabac, et pourtant tu le feras. *Vous ne fumez pas vous-même* ? Et ça ? Si vous fréquentez des gens qui *fument* , vous êtes tout aussi mauvais, voire pire. Autant fumer, voire mieux. Mieux vaut fumer soi-même que de rentrer à la maison avec la fumée des autres dans les cheveux et les moustaches.

«Je n'ai jamais rien vu de bon pour un homme qui allait dans une taverne. De sympathiques compagnons qu'il y récupère ! Oui! des gens qui se vantent de traiter leurs femmes comme des esclaves et de ruiner leurs familles. Il y a ce misérable Harry Prettyman. Voyez où il en est arrivé ! Il ne rentre plus à la maison avant deux heures du matin ; et puis dans quel état ! Il commence à se disputer avec le paillasson, pour que sa pauvre femme ait peur de lui parler. Un méchant misérable ! Mais ne pensez-vous pas que je serai comme Mme Prettyman. Non : je ne supporterais pas ça de la part du meilleur homme qui ait jamais marché. Vous ne me ferez pas peur de vous parler, mais vous pourrez jurer devant le paillasson. Non, M. Caudle, vous ne le ferez pas.

« *Vous n'avez pas l'intention de rester dehors jusqu'à deux heures du matin ?*

« Comment savez-vous ce que vous ferez lorsque vous vous retrouverez parmi de telles personnes ? Les hommes ne peuvent pas répondre d'eux-mêmes lorsqu'ils boivent entre eux. Ils ne pensent jamais à leurs pauvres femmes, qui sont en deuil et s'épuisent à la maison. Vous aurez un joli mal de tête demain matin, ou plutôt *ce* matin ; car il doit être midi passé. *Vous n'aurez pas mal à la tête* ? C'est très bien de votre part de le dire, mais je sais que vous le ferez ; et alors tu pourras te soigner pour moi. Ha! encore ce sale tabac ! Non; Je ne m'endormirai pas comme une bonne âme. Comment les gens peuvent-ils dormir quand ils sont étouffés ?

« Oui, M. Caudle, vous serez bien portant et malade demain matin ! Mais ne penses-tu pas que je vais te laisser prendre ton petit-déjeuner au lit, comme Mme Prettyman. Je ne serai pas si idiot. Non; Je ne veux pas non plus que le discrédit soit jeté sur la maison en envoyant tôt chercher de l'eau gazeuse, pour que tout le quartier dise : « Caudle était ivre la nuit dernière ». Non : j'ai du respect pour les chers enfants, si ce n'est pas le cas pour vous. Non : tu ne mangeras pas non plus de bouillon pour le dîner. Pas un cou de mouton ne franchit mon seuil, je peux vous le dire.

« *Vous ne voudrez pas de soda* et *vous ne voudrez pas de bouillon* ? Tout le meilleur. Vous ne les auriez pas si vous le faisiez, je peux vous l'assurer. - Cher, cher, cher ! Ce sale tabac ! Je suis sûr que c'est suffisant pour me rendre aussi mauvais que toi. En parlant de divorce, je suis sûr que le tabac devrait être un bon motif. Comme une femme ne pense pas, lorsqu'elle se marie, qu'elle se livre à l'empoisonnement ! Vous les hommes, vous parvenez à tout prendre de votre côté, vous le faites. Maintenant, si je devais vous quitter, vous et les enfants, il y aurait un joli bruit ! Par contre, vous pouvez aller fumer la pipe à volonté et - *Vous n'avez pas fumé* ? C'est pareil, M. Caudle, si vous allez parmi les fumeurs. Les gens sont connus par leur entreprise. Tu ferais mieux de fumer toi-même plutôt que de ramener à la maison les pipes du monde entier.

« Oui, je vois comment ça va se passer. Maintenant que vous êtes allé une fois dans une taverne, vous y irez toujours. Vous rentrerez à la maison ivre tous les soirs ; et tomber et te casser la jambe, et te sortir l'épaule; et nous apportant toutes sortes de honte et de dépenses. Et puis vous vous lancerez dans un combat de rue – oh ! Je connais trop bien votre tempérament pour en douter, M. Caudle - et renverser certains policiers. Et puis je sais ce qui va suivre. Il *faut que ça* suive. Oui, vous serez envoyé pendant un mois ou six semaines sur le tapis roulant. C'est une jolie chose que, pour un commerçant respectable, M. Caudle, d'être mis sur le tapis roulant avec toutes sortes de voleurs et de vagabonds, et... là encore, cet horrible tabac ! - et des racailles en tout genre. Je voudrais savoir comment vos enfants doivent tenir la tête haute, après que leur père ait roulé sur le tapis roulant ? - Non; Je *ne vais pas* dormir. Et je ne parle pas de ce qui est impossible. Je sais que tout arrivera – chaque instant. Sans les chers enfants, vous pourriez être ruiné et je n'en parlerais même pas, mais... oh, mon Dieu, mon Dieu ! au moins tu pourrais aller là où ils fument *du bon* tabac - mais je ne peux pas oublier que je suis leur mère. Au moins, ils doivent avoir *un* parent.

« Des tavernes ! Jamais un homme n'est allé dans une taverne sans mourir mendiant. Et comme vos compagnons de pot se moqueront de vous quand ils verront votre nom dans la Gazette ! Car cela *doit* arriver. Votre entreprise est sûre de tomber ; car quelles personnes respectables achèteraient des jouets à leurs enfants d'un ivrogne ? Tu n'es pas un ivrogne ! Non : mais tu le seras, c'est pareil.

« Vous avez commencé par rester dehors jusqu'à minuit. Bientôt, ce sera toute la nuit. Mais ne pensez pas, M. Caudle, que vous aurez un jour une clé. Je te connais. Oui; tu ferais exactement comme ça Prettyman, et qu'a-t-il fait, mercredi dernier seulement ? Eh bien, il est entré vers quatre heures du matin et a ramené à la maison son compagnon de pot, Puffy. Sa chère épouse s'est réveillée à six heures et a vu les bottes sales de Prettyman à son chevet. Et où était le malheureux, son mari ? Eh bien, il buvait en bas. Oui; pire qu'un voleur de minuit, il avait sorti les clés des poches de sa chère épouse - ha ! qu'est-ce que cette pauvre créature doit supporter ! - et j'avais attrapé le cognac. C'est joli qu'une femme se réveille à six heures du matin et qu'au lieu de voir son mari voir ses bottes sales !

« Mais je ne deviendrai pas votre victime, M. Caudle, pas moi. Vous ne récupérerez jamais mes clés, car elles reposeront sous mon oreiller – sous ma propre tête, M. Caudle.

« Vous serez ruiné, mais si je peux y remédier, vous ne ruinerez personne d'autre que vous-même.

"Oh, cet hor - hor - hor - je - ble le tabac!"

A cette conférence , Caudle n'appose aucun commentaire. Une preuve certaine , pensons-nous , que l'homme n'avait rien à dire pour lui-même.

CONFÉRENCE III -
M. CAUDLE REJOINT UN CLUB – « LES SKYLARKS ».

« Eh bien, si une femme ne valait pas mieux être dans sa tombe que de se marier ! Enfin, si elle ne peut pas être mariée à un homme honnête. Non; Je m'en fiche si tu es fatigué, je *ne* te laisserai pas dormir. Non, et je ne dirai pas ce que j'ai à dire demain matin ; Je vais le dire maintenant. C'est très bien pour vous de rentrer à l'heure qui vous plaira - il est maintenant midi et demi - et d'attendre que je me taise et que je vous laisse dormir. Et ensuite, je me demande ? Il vaudrait mieux qu'une femme soit vendue immédiatement comme esclave.

« Et donc tu es parti rejoindre un club ? Les Skylarks, en effet ! Une jolie alouette que vous réaliserez vous-même ! Mais je ne resterai pas et ne serai pas ruiné par toi. Non : je suis déterminé là-dessus. J'irai chercher les chers enfants, et vous pourrez choisir qui vous voudrez pour garder votre maison. Autrement dit, tant que vous avez une maison à entretenir – et ce ne sera pas long, je sais.

« Comme un honnête homme peut aller passer ses nuits dans une taverne ! - oh, oui, M. Caudle ; J'ose dire que vous *optez* pour une conversation rationnelle. J'aimerais savoir combien d'entre vous se soucieraient de ce que vous appelez une conversation rationnelle, si vous la teniez sans votre sale cognac et votre eau ; oui, et ta fumée de tabac encore plus sale . Je suis sûr que la dernière fois que tu es rentré à la maison, j'ai eu mal à la tête pendant une semaine. Mais je sais qui vous emmène à la destruction. C'est cette brute, Prettyman. Il a brisé le cœur de sa pauvre épouse, et maintenant il veut le faire – mais n'y pensez pas, M. Caudle ; Je ne laisserai pas ma tranquillité d'esprit détruite par le meilleur homme qui ait jamais marché. Oh oui! Je sais que vous ne vous en souciez pas tant que vous pouvez paraître bien aux yeux du monde entier, mais le monde ne se soucie pas de la façon dont vous vous comportez avec moi. Mais il saura que je suis déterminé.

"Comment un homme peut-il quitter son joyeux coin du feu pour aller s'asseoir, fumer, boire et parler avec des gens qui ne lèveraient pas le petit doigt pour l'empêcher d'être pendu - comment un homme peut-il quitter sa femme - et une bonne épouse aussi, même si je le dis – pour un paquet de compagnons de pot – oh, c'est honteux, M. Caudle ; c'est insensible. Aucun homme ayant le moindre amour pour sa femme ne pourrait le faire.

« Et je suppose que ce sera le cas tous les samedis ? Mais je sais ce que je vais faire. Je sais – cela ne sert à rien, M. Caudle, que vous me traitiez de bonne créature : je ne suis pas assez idiot pour me laisser cajoler de cette façon. Non; si vous voulez vous coucher, vous devez rentrer à l'heure chrétienne et non à midi et demi. Il fut un temps où vous étiez aussi régulier au coin du feu que la bouilloire. C'était à l'époque où tu étais un homme honnête, et où tu n'allais pas parmi Dieu sait qui, buvant et fumant, et faisant ce que tu pensais de tes plaisanteries. Je n'ai jamais entendu rien de bon pour un homme qui se souciait des blagues. Aucun commerçant respectable ne le fait. Mais je sais ce que je ferai : je ferai fuir vos Alouettes. La maison sert de l'alcool après midi du samedi ; et si je n'écris pas aux magistrats et que je ne me fais pas retirer le permis , je ne resterai pas dans ce lit cette nuit. Oui, vous pouvez me traiter de femme insensée ; mais non, monsieur Caudle, non ; c'est toi qui es l'insensé ; ou pire qu'un homme insensé ; tu es un méchant. Si vous deviez mourir demain - et les gens qui fréquentent les cabarets font tout ce qu'ils peuvent pour abréger leur vie - je voudrais savoir qui écrirait sur votre pierre tombale : « Un mari tendre et un père affectueux » ? *Je* ... je ne voudrais pas qu'on raconte de tels mensonges à votre sujet, je peux vous l'assurer.

« Aller dépenser votre argent, et – c'est absurde ! ne me dis pas - non, si tu le jurais dix fois, je ne croirais pas que tu ne dépenses que dix-huit pence un samedi. Vous ne pouvez pas passer toutes ces heures et dépenser seulement dix-huit pence. Je sais mieux. Je ne suis pas tout à fait idiot, M. Caudle. Vous pourriez avoir une bonne affaire pour dix-huit pence ! Et tout le Club épousait des hommes et des pères de famille. Encore plus de honte pour eux ! Des alouettes, en effet ! Ils devraient s'appeler Vautours ; car ils ne peuvent faire ce qu'ils font qu'en dévorant leurs femmes et leurs enfants innocents. Dix-huit pence par semaine ! Et si ce n'était que ça, savez-vous ce que représentent cinquante-deux dix-huit pence par an ? Y avez-vous déjà pensé et vu les robes que je porte ? Je suis sûr que je ne peux pas, avec l'argent de la maison, m'acheter une pelote à épingles ; même si j'en voulais un depuis six mois. Non, pas même une boule de coton. Mais qu'importe pour pouvoir avoir votre cognac et votre eau ? Il y a aussi les filles – les choses qu'elles veulent ! Ils ne sont jamais habillés comme les enfants des autres. Mais pour leur père, c'est pareil. Oh oui! Pour qu'il puisse y aller avec ses Skylarks, ils peuvent porter un sac pour les tabliers et du fil de paquet pour les jarretières.

« Vous feriez mieux de ne pas laisser M. Prettyman venir ici, c'est tout ; ou plutôt, tu ferais mieux de l'amener une fois. Oui, j'aimerais le voir. Il ne l'oublierait pas. Un homme qui, puis-je dire, ne vit et ne se déplace que dans un crachoir. Un homme qui a une pipe dans la bouche aussi constante que ses dents de devant. Une sorte de roi de taverne, avec beaucoup d'imbéciles comme vous pour rire de ce qu'il pense de ses blagues, et lui donner des conséquences. Non, M. Caudle, non ; ça ne sert à rien que tu me dises d'aller dormir, car je ne le ferai pas. Allez dormir, en effet ! Je suis sûr qu'il est presque l'heure de se lever. Je ne sais même pas à quoi ça sert de me coucher maintenant.

« Les Alouettes, en effet ! Je suppose que vous allez acheter une « Petite Paruline » et, à votre époque de vie, essayer de chanter. Les paons chanteront ensuite. Un joli nom que vous aurez dans le quartier ; et, dans très peu de temps, tu auras un joli visage. Votre nez devient déjà plus rouge : et vous n'êtes qu'un de ces nez vers lesquels l'alcool vole toujours. *Tu ne vois pas que c'est rouge* ? Non – je n'ose pas le dire – mais *je* le vois ; *Je* vois beaucoup de choses que vous ne voyez pas. Et ainsi vous continuerez. Dans peu de temps, avec ton eau-de-vie - ne me dis pas que tu ne prends que deux petits verres : je sais ce que sont les deux petits verres des hommes ; dans peu de temps, tu auras un visage partout comme s'il était fait de confiture de groseilles rouges. Et j'aimerais savoir qui va alors vous supporter ? Je ne le ferai pas, alors n'y pensez pas. Ne viens pas vers moi.

« Les belles habitudes que les hommes apprennent dans les clubs ! Il y a Joskins : il était autrefois un être honnête, et maintenant on me dit qu'il a plus d'une fois frappé les oreilles de sa femme. C'est aussi un Alouette des Ciels. Et je suppose qu'un jour , tu essaieras de *me botter* les oreilles ? N'essayez pas, M. Caudle ; Je dis de ne pas essayer. Oui, c'est très bien de votre part de dire que vous ne le pensez pas, mais je vous le répète, n'essayez pas. Vous le regretteriez jusqu'au jour de votre mort, M. Caudle.

« Aller m'asseoir quatre heures dans une taverne ! Je n'arrive pas à imaginer ce que les hommes, à moins d'avoir leur femme avec eux, peuvent trouver à dire. Pas bon, bien sûr.

« Dix-huit pence par semaine – et boire du cognac et de l'eau, de quoi nager sur un bateau ! Et fumer comme la cheminée d'un bateau à vapeur ! Et je ne peux même pas me permettre un morceau de scotch ! C'est brutal, M. Caudle. C'est très brutal .

« *Et ici* », dit Caudle. « *Ici , Dieu merci ! enfin elle s'est endormie* .

CONFÉRENCE IV -
M. CAUDLE A ÉTÉ APPELÉ DE SON LIT POUR CAUTER M. JOLI HOMME DE LA MAISON DE
guet

« Fi, M. Caudle, je savais que nous en arriverions là. Je l'ai dit, quand tu as rejoint ces précieuses Alouettes des Ciels. Des gens sont appelés hors de leur lit à toute heure de la nuit, pour libérer un groupe de gars qui ne sont jamais aussi heureux que lorsqu'ils conduisent des hommes sobres à la destruction. J'aimerais savoir ce que penseront de vous les voisins , avec des gens de la police qui frappent à la porte à deux heures du matin ? Ne me dites pas que cet homme a été maltraité : ce n'est pas lui qui doit être maltraité. Et vous devez aller le chercher ! Je connais la fin : il s'enfuira et vous devrez payer l'argent. J'aimerais savoir à quoi servent mon travail et mon esclavage pour économiser un sou, quand vous jetez des livres sur vos précieuses Alouettes des Ciels. Vous aurez un assez froid demain matin, étant appelé hors de votre lit chaud par ce temps ; mais ne penses-tu pas que je vais te soigner – pas moi ; tu ne reçois pas une goutte de bouillie de ma part.

« Je suis sûr que vous avez de nombreuses façons de dépenser votre argent – sans le jeter sur une bande de briseurs de paix dissolus. C'est très bien pour vous de dire que vous n'avez pas gaspillé votre argent, mais vous le ferez. Il sera certain de s'enfuir ; il est peu probable qu'il participe à son procès, et vous serez remboursé de la caution. Ne me dites pas qu'il n'y a pas de procès dans cette affaire, parce que je sais qu'il y en a ; c'est pour autre chose qu'une dispute avec le policier qu'il a été incarcéré. Les gens ne sont pas enfermés pour ça. Non, c'est pour vol, ou quelque chose de pire peut-être.

« Et comme vous l'avez libéré sous caution, les gens penseront que vous êtes aussi mauvais que lui. Ne me dites pas que vous ne pouviez pas vous empêcher de le libérer ; vous auriez dû vous montrer un homme respectable et le laisser mettre en prison.

« Maintenant que les gens savent que tu es l'ami des gens ivres et désordonnés, tu ne dormiras jamais une nuit dans ton lit. Ce qui vous arriverait n'aurait aucune importance si ce n'était pas votre pauvre épouse qui souffrait. Bien sûr, toutes les affaires seront dans les journaux, et votre nom avec. Je ne devrais pas non plus me demander s'ils donnent votre photo comme ils le font pour les autres habitants d'Old Bailey. Une jolie chose ça, à transmettre à vos enfants. Je suis sûr que cela suffira à leur faire changer de nom. Non, je ne m'endormirai pas ; c'est très bien pour vous de dire, allez dormir, après un tel dérangement. Mais je ne m'endormirai pas, M. Caudle ; certainement pas."

« *Sa volonté , je n'en doute pas* , dit Caudle, *était forte ; mais la nature était plus forte ,
et elle dormait ; cette nuit, m'infligeant une conférence remarquablement courte .*

CONFÉRENCE V -
M. CAUDLE EST RESTER EN BAS JUSQU'À 13H, AVEC UN AMI

« C'est une bonne heure de la nuit pour venir au lit, M. Caudle. Pouah! Aussi froid que n'importe quelle glace. Assez pour donner la mort à n'importe quelle femme, j'en suis sûr. Quoi!

« *Je n'aurais pas dû enfermer les charbons ?*

« Si je ne l'avais pas fait, je suis convaincu que ce type serait resté toute la nuit. C'est très bien pour vous, M. Caudle, de ramener les gens à la maison - mais j'aimerais que vous réfléchissiez d'abord à ce qu'il y a pour le dîner. Ce beau gigot de porc aurait servi à notre dîner de demain, et maintenant il n'est plus là. *Je* ne peux pas entretenir la maison avec cet argent, et je ne prétendrai pas le faire si vous amenez une foule de gens chaque nuit pour vider le placard.

« Je me demande qui sera si prêt à vous offrir un souper quand vous en aurez envie : si vous en voulez un, vous le ferez, à moins que vous ne changiez vos projets. Ne me le dis pas ! Je sais que j'ai raison. Vous serez d'abord dévoré, puis on se moquera de vous. Je connais le monde. Non, en effet, M. Caudle, je ne pense pas du mal de tout le monde ; ne dis pas ça. Mais je ne peux pas imaginer un gigot de porc mangé de cette façon, sans me demander à quoi tout cela finira si de telles choses continuent ? Et puis il doit avoir des cornichons aussi ! Je ne pouvais pas me contenter de mon chou - non, M. Caudle, je ne vous laisserai pas dormir. C'est très bien que tu me dises de te coucher, après m'avoir tenu éveillé jusqu'à cette heure.

« *Pourquoi suis-je resté éveillé ?*

« Comment pensez-vous que je pourrais m'endormir alors que je savais que cet homme était en bas, buvant votre substance dans de l'eau-de-vie et de l'eau-de-vie ? car il ne pouvait pas se contenter d'un gin décent et sain. Ma parole, vous devriez être un homme riche, M. Caudle. Vous avez de très bons amis, je me demande qui vous donne du cognac quand vous sortez !

« Non, en effet, il ne pouvait pas se contenter de mon chou mariné – et j'aimerais savoir qui fait le meilleur – mais il lui faut des noix. Et vous aussi, comme un imbécile – maintenant, ne pensez pas à m'arrêter, M. Caudle ; une pauvre femme peut être piétinée à mort et ne jamais dire un mot - vous aussi, comme un imbécile - je me demande qui le ferait pour vous - pour insister pour que la jeune fille aille chercher des noix marinées. Et dans une telle nuit aussi ! Avec de la neige au sol. Oui; vous êtes un homme plein de beaux sentiments, monsieur Caudle ; mais le monde ne vous connaît pas comme je vous connais – de beaux sentiments, en effet ! de renvoyer la pauvre fille dehors, alors que je vous ai dit et j'ai dit aussi à votre ami - une brute qu'il est, j'en suis sûr - que la pauvre fille avait attrapé un rhume et j'oserais dire des engelures aux orteils. Mais je sais quelle sera la fin de tout cela ; elle sera immobilisée et nous aurons une belle note de médecin. Et vous le paierez, je peux vous le dire – car *je* ne le ferai pas.

« *Tu aurais aimé être hors du monde* ?

"Oh! oui, tout cela est très simple. Je suis sûr que *je* pourrais le souhaiter. Ne jure pas de cette manière épouvantable ! N'avez-vous pas peur que le lit s'ouvre et vous engloutisse ? Et ne vous balancez pas de cette façon. *Cela* ne servira à rien. *Cela* ne ramènera pas le gigot de porc et l'eau-de-vie que vous avez versée dans vos deux gorges. Oh, je le sais, j'en suis sûr. Je ne m'en suis souvenu qu'en me couchant - et s'il n'avait pas fait si froid, vous m'auriez revu en bas, je peux vous le dire - je m'en suis souvenu, et j'ai passé deux jolies heures - que j'ai laissé la clé dans le placard, - et je le sais - j'ai pu le voir à votre manière lorsque vous êtes entré dans la pièce - je sais que vous avez l'autre bouteille. Cependant, il y a un réconfort : vous m'avez dit d'envoyer chercher le meilleur brandy - le meilleur - pour votre autre ami, qui a appelé mercredi dernier. Ha! Ha! C'était britannique - le britannique le moins cher - et gentil et malade, j'espère que vous le serez tous les deux demain.

« Il n'y a que l'os nu du gigot de porc ! mais tu n'auras rien d'autre pour le dîner, je peux te le dire. C'est une chose terrible dont les enfants pauvres devraient se passer, - mais s'ils ont un tel père, eux, les pauvres, doivent en souffrir.

« Presque un gigot de porc entier et une pinte de cognac ! Une pinte de cognac et un gigot de porc. Un gigot de… jambe-jambe-pinte - »

" *Et en marmonnant les syllabes* ", dit le MS de M. Caudle, " *elle s'endormit* . "

CONFÉRENCE VI -
M. CAUDLE A PRÊTÉ UNE CONNAISSANCE LE PARAPLUIE FAMILIALE

« Bah ! C'est le troisième parapluie disparu depuis Noël.

« *Que devais-tu faire ?*

«Eh bien, laissez-le rentrer chez lui sous la pluie, bien sûr. Je suis sûr qu'il n'y avait rien chez *lui* qui puisse le gâcher. Prenez froid, en effet ! Il n'a pas l'air d'être du genre à prendre froid. En plus, il aurait mieux fait de prendre froid plutôt que de prendre notre seul parapluie. Entendez-vous la pluie, M. Caudle ? Je dis, tu entends la pluie ? Et comme je suis vivant, si ce n'est pas le jour de la Saint-Swithin ! L'entendez-vous contre les fenêtres ? Absurdité; tu ne m'imposes pas. Impossible de dormir avec une telle douche ! L'entendez-vous, dis-je ? Oh, vous l' *entendez* ! Eh bien, c'est une jolie inondation, je pense, pour durer six semaines ; et ne bougez pas tout le temps hors de la maison. Caca! ne me prenez pas pour un imbécile, M. Caudle. Ne m'insulte pas. *Il* rends le parapluie ! Tout le monde penserait que tu es né hier. Comme si quelqu'un *avait déjà* rendu un parapluie ! Là, vous l'entendez ! De pire en pire! Chats et chiens, et pendant six semaines, toujours six semaines. Et pas de parapluie !

« Je voudrais savoir comment les enfants iront à l'école demain ? Ils ne subiront pas un tel temps, j'en suis déterminé. Non : ils s'arrêteront chez eux et n'apprendront jamais rien - les bienheureuses créatures ! - plutôt que d'aller me mouiller. Et quand ils seront grands, je me demande à qui ils devront remercier de ne rien savoir — qui, en effet, sinon leur père ? Les gens qui ne peuvent pas ressentir de compassion pour leurs propres enfants ne devraient jamais être pères.

«Mais je sais pourquoi tu as prêté le parapluie. Oh oui; Je sais très bien. J'allais prendre le thé demain chez ma chère mère, tu le savais ; et tu l'as fait exprès. Ne me le dis pas ; vous me détestez pour y aller, et vous profitez de tous les moyens pour m'en empêcher. Mais n'y pensez pas, M. Caudle. Non monsieur; s'il tombe par seaux pleins, j'y irai d'autant plus. Non : et je n'aurai pas de taxi. D'où pensez-vous que l'argent vienne ? Vous avez de belles idées dans votre club. Un taxi, en effet ! Ça m'a coûté au moins seize pence ... seize pence ! deux pence, car voilà, je reviens. Des taxis, en effet ! Je voudrais savoir qui va les payer ; *Je ne peux pas* les payer , et je suis sûr que vous ne le pourrez pas, si vous continuez comme vous le faites ; jeter vos biens et mendier vos enfants - acheter des parapluies !

« Entendez-vous la pluie, M. Caudle ? Je dis, tu l'entends ? Mais je m'en fiche, j'irai chez ma mère demain : je le ferai ; et en plus, je marcherai à chaque pas, - et tu sais que cela me donnera la mort. Ne me traite pas de femme idiote, c'est toi qui es l'homme idiot. Tu sais que je ne peux pas porter de sabots ; et sans parapluie, l'humidité est sûre de me donner froid - c'est toujours le cas. Mais qu'importe ça ? Rien du tout. Je serai peut-être immobilisé pour ce qui vous importe, comme j'ose le dire – et il y aura une jolie note de médecin. J'espère que ce sera le cas ! Il vous apprendra à prêter à nouveau vos parapluies. Je ne devrais pas me demander si j'ai attrapé ma mort ; oui : et c'est pour cela que tu as prêté le parapluie. Bien sûr!

« Je vais avoir de jolis vêtements aussi, pour résister à un temps comme celui-ci. Ma robe et mon bonnet seront tout à fait gâtés .

« Est-ce que je n'ai pas besoin de les porter alors ?

« En effet, M. Caudle, je les *porterai* . Non, monsieur, je ne vais pas faire des bêtises pour faire plaisir à vous ou à quelqu'un d'autre. Gracieux le sait ! ce n'est pas souvent que je franchis le seuil ; en fait, autant être esclave tout de suite, mieux, devrais-je dire. Mais quand je sors, - M. Caudle, je choisis d'y aller comme une dame. Oh! cette pluie - si cela ne suffit pas à briser les fenêtres.

"Pouah! J'attends demain avec impatience ! Comment je dois aller chez ma mère, je suis sûr que je ne peux pas le dire. Mais si je meurs, je le ferai. Non monsieur; Je n'emprunterai pas de parapluie. Non; et tu n'en achèteras pas . Maintenant, M. Caudle, écoutez seulement ceci : si vous rapportez un autre parapluie à la maison, je le jetterai dans la rue. J'aurai mon propre parapluie ou pas du tout.

"Ha! et ce n'est que la semaine dernière que j'ai fait installer une nouvelle buse sur ce parapluie. Je suis sûr que si j'en avais su autant que maintenant, je n'en aurais peut-être pas eu pour moi. Payer pour de nouvelles buses, pour que les autres se moquent de vous. Oh, tout va très bien pour toi, tu peux aller dormir. Vous n'avez aucune pensée pour votre pauvre femme patiente et pour vos propres enfants. Vous ne pensez qu'à prêter des parapluies !

« Des hommes, en effet ! - se disent seigneurs de la création ! - de jolis seigneurs, alors qu'ils ne savent même pas s'occuper d'un parapluie !

« Je sais que cette promenade de demain sera ma mort. Mais c'est ce que vous voulez - alors vous pourrez aller dans votre club et faire ce que vous voulez - et alors, gentiment, mes pauvres chers enfants seront utilisés - mais alors, monsieur, alors vous serez heureux. Oh, ne me le dis pas ! Je sais que tu le feras. Sinon tu n'aurais jamais prêté le parapluie !

« Vous devez y aller jeudi pour cette convocation et, bien sûr, vous ne pouvez pas y aller. Non, en effet, on *ne* part pas sans le parapluie. Vous pouvez perdre la dette pour ce qui m'importe - ce ne sera pas seulement abîmer vos vêtements - mieux vaut la perdre : les gens méritent de perdre leurs dettes qui prêtent des parapluies !

« Et j'aimerais savoir comment je vais aller chez maman sans le parapluie ! Oh, ne me dites pas que j'ai dit que j'irais – cela n'a rien à voir ; rien du tout. Elle pensera que je la néglige, et le peu d'argent que nous devions avoir, nous ne l'aurons pas du tout, parce que nous n'avons pas de parapluie.

« Les enfants aussi ! Chères choses ! Ils seront trempés ; car ils ne s'arrêteront pas à la maison - ils ne perdront pas leur savoir ; c'est tout ce que leur père leur laissera , j'en suis sûr. Mais ils *iront* à l'école. Ne me dites pas que j'ai dit qu'ils ne devraient pas : vous êtes tellement agaçant, Caudle ; tu gâterais le caractère d'un ange. Ils *iront* à l'école; marquez ça. Et s'ils meurent de froid, ce n'est pas ma faute : je n'ai pas prêté le parapluie.

« *Enfin* , écrit Caudle, *je m'endormis ; et j'ai rêvé que le ciel était transformé en calicot vert , avec des côtes en os de baleine ; qu'en fait , le monde entier s'est retourné sous un formidable parapluie* !

CONFÉRENCE VII -
M. CAUDLE A AVENTURÉ UNE REMONTTRANCE LORS DE SON DÎNER DU JOUR : DU MOUTON FROID ET PAS DE PUDDING. - MME. CAUDLE DÉFEND L'ÉPAULE FROIDE

« Euh ! Je suis sûr! Bien! Je me demande quelle sera la prochaine étape ? Il n'y a plus rien de convenable, maintenant – rien du tout. Mieux vaut demander à quelqu'un d'autre de garder la maison, je pense. Je ne peux pas le faire maintenant, semble-t-il ; Je ne suis qu'un obstacle ici : je ferais mieux d'emmener les enfants et de partir.

« De quoi est-ce que je me plains maintenant ? C'est très bien que vous demandiez ça ! Je suis sûr que je ferais mieux d'être hors du monde plutôt que... là-bas maintenant, M. Caudle ; te voilà à nouveau ! Je *vais* parler, monsieur. Ce n'est pas souvent que j'ouvre la bouche, Dieu sait ! Mais vous aimez n'entendre personne parler à part vous-même. Vous auriez dû épouser une esclave noire et non une femme respectable.

« Vous devez circuler dans la maison en faisant le tonnerre toute la journée, et je ne dois pas dire un mot. D'où pensez-vous que le pudding puisse venir tous les jours ? Vous montrez un bel exemple à vos enfants, vous le faites ; se plaindre et dédaigner un morceau de mouton froid et sucré, parce qu'il n'y a pas de pudding ! Vous faites un bon moyen de les rendre extravagants – enseignez- leur de belles leçons pour commencer le monde. Savez-vous combien coûtent les puddings ? ou pensez-vous qu'ils volent par la fenêtre ?

« Vous détestez le mouton froid. Encore plus de honte pour vous, M. Caudle. Je suis sûr que vous avez l'estomac d'un seigneur, vous l'avez. Non, monsieur : je n'ai pas choisi de hacher le mouton. Il est très facile pour vous de dire « hash it » ; mais *je* sais ce qu'un joint perd en hachis : c'est un dîner de moins, si c'est un peu. Oui, j'ose le dire ; d'autres personnes peuvent avoir des puddings avec du mouton froid. Aucun doute là-dessus ; et d'autres font faillite. Mais si jamais vous parvenez à la Gazette, ce ne sera pas *ma* faute – non ; Je ferai mon devoir d'épouse envers vous, M. Caudle : vous n'aurez jamais à dire que c'est *mon* ménage qui vous a amené à la mendicité. Non; vous pouvez bouder la viande froide - ha ! J'espère que vous n'aurez jamais envie d'un morceau de mouton aussi froid que celui que nous avons eu aujourd'hui ! et vous pouvez menacer d'aller dîner dans une taverne ; mais, avec nos moyens actuels, vous n'obtenez pas une miette de pudding de moi.

Vous n'aurez rien d'autre que le joint froid - rien car je suis un pécheur chrétien.

"Oui; voilà, tu me jettes encore ces poules à la figure ! Je sais que vous avez un jour ramené à la maison deux poules ; Je le sais : et n'étais-tu pas assez méchant pour vouloir les priver de l'argent de ma semaine ? Oh, l'égoïsme – la mesquinerie des hommes ! Ils peuvent sortir et jeter des kilos et des kilos avec une bande de gens qui se moquent d' eux ensuite ; mais si c'est quelque chose qu'ils veulent pour leur propre maison, leurs pauvres épouses peuvent le chercher. Je me demande si vous ne rougissez pas de nommer à nouveau ces oiseaux ! Je ne serais pour rien au monde si petit, M. Caudle.

"Qu'est-ce que tu vas faire?

« *Tu vas te lever* ?

« Ne vous rendez pas ridicule, M. Caudle ; Je ne peux pas te dire un mot comme n'importe quelle autre femme, mais tu dois menacer de te lever. *Ayez* honte de vous.

« Des puddings, en effet ! Pensez-vous que je suis fait de puddings ? N'as-tu pas mangé du riz bouilli il y a trois semaines ? D'ailleurs, est-ce la période de l'année pour les puddings ? C'est très bien si j'avais assez d'argent pour pouvoir, comme n'importe quelle autre femme, entretenir la maison : alors, en effet, je pourrais avoir des conserves comme n'importe quelle autre femme ; maintenant, c'est impossible ; et c'est cruel - oui, M. Caudle, cruel - de votre part de vous attendre à cela.

« *Les pommes ne sont pas si chères , n'est-ce pas* ?

« Je sais ce que sont les pommes, M. Caudle, sans que vous me le disiez. Mais je suppose que vous voulez quelque chose de plus que des pommes pour des raviolis ? Je suppose que le sucre coûte quelque chose, n'est-ce pas ? Et c'est comme ça. C'est ainsi qu'une dépense en entraîne une autre, et c'est ainsi que les gens se ruinent.

" *Crêpes* ?

« A quoi ça sert de mentir en marmonnant là à propos de crêpes ? Vous n'en avez pas toujours une fois par an, tous les mardis gras ? Et que voudrait de plus un homme modéré et honnête ?

« Des crêpes, en effet ! Priez, monsieur Caudle, non, cela ne sert à rien de me dire de belles paroles pour vous laisser dormir ; Je ne le ferai pas ! - je t'en prie, tu connais le prix des œufs en ce moment ? Il n'y a pas un œuf auquel vous pouvez faire confiance pour moins de sept ou huit shillings ; eh bien, il vous suffit de compter combien d'œufs – ne vous allongez pas en injuriant les œufs de cette manière, M. Caudle ; à moins que vous ne vous attendiez à ce que le lit vous laisse tomber. Vous vous considérez comme un commerçant respectable, je suppose ? Ha! J'aimerais seulement que les gens vous connaissent aussi bien que moi ! Jurer sur les œufs, en effet ! Mais je suis fatigué de cet usage, M. Caudle ; j'en ai assez; et je m'en fiche de savoir combien de temps ça sera fini !

« Je suis sûr que je ne fais que travailler et travailler , et je réfléchis à comment tirer le meilleur parti de tout ; et c'est ainsi que je suis récompensé. J'aimerais voir quelqu'un dont les articulations vont plus loin que les miennes. Mais si je devais jeter votre argent dans la rue, ou si je l'étalais en fines plumes sur moi-même, je serais mieux pensé. La femme qui étudie son mari et sa famille est toujours une corvée. Ce sont vos belles épouses fal-lal qui passent le meilleur moment.

« A quoi ça sert de rester allongé là en gémissant de cette manière ? Cela ne me fera pas tenir ma langue, je peux vous le dire. Vous pensez tout faire à votre manière – mais vous ne le ferez pas, M. Caudle ! Vous pouvez insulter mon dîner ; ressemble à un démon, puis-je dire, devant un morceau de mouton froid et sain - ah ! les milliers de créatures bien meilleures que vous qui auraient été reconnaissantes pour ce mouton ! - et je ne dois jamais parler ! Mais vous vous trompez, je le ferai. Votre utilisation de moi, M. Caudle, est infâme - indigne d'un homme. J'aimerais seulement que les gens te connaissent pour ce que tu es ; mais je vous l'ai dit encore et encore, ils le feront un jour .

« Des puddings ! Et maintenant, je suppose que je n'entendrai parler que de puddings ! Oui, et je sais ce que cela finirait. D'abord, tu mangerais un pudding tous les jours - oh, je connais ton extravagance - ensuite tu mangerais du poisson, - ensuite je ne devrais pas me demander si tu prendrais de la soupe ; tortue, sans doute : alors tu irais prendre un dessert ; et - oh ! Je vois tout cela aussi clairement que la courtepointe devant moi – mais non, pas de mon vivant ! Ce que votre seconde femme pourrait faire, je ne le sais pas ; peut-être *sera-t-elle* une brave dame ; mais je ne vous ruinerai pas, M. Caudle ; que je suis déterminé. Des puddings, en effet ! Pu- dding -s! Poud - »

« *La nature épuisée* , dit Caudle, *ne pouvait plus tenir. Elle est allée dormir* ."

CONFÉRENCE VIII -
CAUDLE EST FAIT MAÇON - MME. CAUDLE
INDIGNÉ ET CURIEUX

« Maintenant, M. Caudle – M. Caudle, je dis : oh : vous ne pouvez pas déjà dormir, je sais maintenant, ce que je veux dire, c'est ceci ; cela ne sert à rien, rien du tout, de nous inquiéter à ce sujet ; mais, enfin, ma décision est prise, monsieur Caudle ; Je te quitterai. Soit je sais tout ce que vous avez fait ce soir, soit demain matin je quitte la maison. Non non; il y a la fin du mariage, je pense – la fin de toute confiance entre homme et femme – si un mari doit avoir des secrets et les garder pour lui. De jolis secrets, ils doivent l'être, quand sa propre femme ne peut pas les connaître ! Ce n'est pas digne d'une personne honnête de le savoir, j'en suis sûr, si c'est le cas. Maintenant, Caudle, ne nous disputons pas, il y a une bonne âme, dis-moi de quoi il s'agit ? Un tas d'absurdités, j'ose dire ; néanmoins – même si cela ne m'importe pas beaucoup – j'aimerais quand même *savoir*. Il y a un cher. Eh : oh, ne me dis pas qu'il n'y a rien dedans : je sais mieux. Je ne suis pas idiot, M. Caudle : je sais qu'il y a beaucoup à faire là-dedans. Maintenant, Caudle, raconte-moi juste un petit peu. Je suis sûr que je te dirais n'importe quoi. Tu sais que je le ferais. Bien?

« Caudle, tu es de quoi vexer un saint ! Maintenant, ne penses-tu pas que tu vas dormir ; parce que tu ne l'es pas. Pensez-vous que je vous aurais déjà permis d'aller devenir maçon, si je ne pensais pas aussi connaître le secret ? Ce n'est pas quelque chose à savoir, j'ose dire ; et c'est pourquoi je suis déterminé à le savoir.

« Mais je sais ce que c'est ; oh oui, cela ne fait aucun doute. Le secret est de maltraiter les femmes pauvres ; les tyranniser ; pour en faire vos esclaves : surtout vos femmes. Il doit s'agir de quelque chose comme ça, sinon vous n'auriez pas honte de le faire savoir. Ce qui est juste et convenable n'a jamais besoin d'être fait en secret. C'est une insulte envers une femme qu'un homme soit franc-maçon et n'en laisse rien savoir à sa femme. Mais, pauvre âme ! elle le sait sûrement d'une manière ou d'une autre : ils font tous de gentils maris. Oui oui; une partie du secret est de penser mieux au monde entier qu'à leurs propres épouses et familles. Je suis sûr que les hommes ont suffisamment de choses à s'occuper - c'est-à-dire, s'ils agissent correctement - pour prendre soin de ceux qu'ils ont à la maison. D'ailleurs, ils ne peuvent pas avoir beaucoup de soucis à consacrer au monde.

« Et je suppose qu'ils vous appellent *frère* Caudle ? Un joli frère, en effet ! Allez vous habiller avec un tablier comme un homme aux autoroutes - car c'est à cela que vous ressemblez. Et j'aimerais savoir à quoi sert le tablier ? Il doit y avoir quelque chose de peu respectable là-dedans, j'en suis sûr. Eh bien, j'aimerais seulement être reine pendant un jour ou deux. Je mettrais fin à la franc-maçonnerie et à toutes ces supercheries, je le sais.

« Maintenant, viens, Caudle ; ne nous disputons pas. Euh ! Tu ne souffres pas, chérie ? De quoi s'agit-il? De quoi es-tu en train de rire là ? Mais je suis idiot de me déranger à propos de toi.

« Et tu ne vas pas me révéler le secret, hein ? Tu veux dire, - tu ne l'es pas ? Maintenant, Caudle, tu sais qu'il est difficile de me mettre dans une passion - non pas que je me soucie du secret lui-même : non, je ne donnerais pas un bouton pour le savoir, car tout cela n'a aucun sens, j'en suis sûr. Ce n'est pas le secret qui m'importe : c'est le affront, M. Caudle ; c'est l'insulte étudiée qu'un homme fait à sa femme, quand il pense parcourir le monde en gardant pour lui quelque chose qu'il ne lui fera pas savoir. Homme et femme, en effet ! J'aimerais savoir comment cela peut se produire lorsqu'un homme est maçon - lorsqu'il garde un secret qui le différencie, lui et sa femme ? Ha, vous les hommes, vous faites les lois, et vous avez donc bien soin d' en avoir le meilleur pour vous : autrement, une femme devrait pouvoir divorcer quand un homme devient maçon : quand il a une sorte d'encoignure. dans son cœur - un endroit secret dans son esprit - que sa pauvre épouse n'a pas le droit de fouiller !

« Caudle, tu ne fermeras pas les yeux pendant une semaine – non, tu ne le feras pas – à moins que tu m'en dises un peu. Viens, voilà une bonne créature ; il y a un amour. Je suis sûr, Caudle, que je ne te refuserais rien – et tu le sais, ou devrais le savoir à ce moment-là. J'aimerais seulement avoir un secret ! À qui devrais-je penser à le confier, sinon à mon cher mari ? Je devrais être malheureux de garder ça pour moi, et tu le sais. Et maintenant Caudle ?

« Y a-t-il déjà eu un tel homme ? Un homme, en effet ! Une brute ! - oui, M. Caudle, une créature insensible et brutale, alors que vous pourriez m'obliger, mais vous ne le ferez pas. Je suis sûr que je ne m'oppose pas à ce que vous soyez maçon : pas du tout, Caudle ; J'ose dire que c'est une très bonne chose ; J'ose dire que c'est le cas – c'est seulement le fait que vous en fassiez un secret qui me contrarie. Mais tu me le diras, tu le diras à ta propre Margaret ? Vous ne le ferez pas ! Vous êtes un misérable, M. Caudle.

« Mais je sais pourquoi : oh, oui, je peux le dire. Le fait est que tu as honte de me dire à quel point ils se sont moqués de toi. C'est ça. Vous, à votre époque de la vie, père de famille ! Je devrais avoir honte de moi, Caudle.

« Et je suppose que tu vas te rendre à ce que tu appelles ta Loge tous les soirs, maintenant. Lodge, en effet ! Ce doit être un bel endroit, où l'on n'admet pas les femmes. De belles choses se passent, j'ose dire. Alors vous vous appelez mutuellement frères. Frères! Je suis sûr que tu avais assez de relations, tu n'en voulais plus.

« Mais je sais de quoi il s'agit dans toute cette maçonnerie. Ce n'est qu'un prétexte pour vous éloigner de vos femmes et de vos familles, pour que vous puissiez faire la fête et boire ensemble, c'est tout. C'est le secret. Et maltraiter les femmes, - comme si elles étaient des animaux inférieurs et dignes de confiance. C'est le secret ; et rien d'autre.

« Maintenant, Caudle, ne nous laissons pas nous disputer. Oui, je sais que tu souffres. Pourtant, Caudle, mon amour ; Caudle ! Très cher, dis-je ! Caudle !

" *Je ne me souviens de rien de plus* ", dit Caudle, " *car j'avais mangé un copieux dîner et , d'une manière ou d'une autre, je suis devenu inconscient .*"

CONFÉRENCE IX -
M. CAUDLE EST À LA FOIRE DE GREENWICH

« Ho, M. Caudle : j'espère que vous vous êtes bien amusé à Greenwich.

« *Comment puis-je savoir que vous étiez à Greenwich ?*

« Je le sais très bien, monsieur : sachez tout : sachez-en plus que vous ne pensez que j'en sais. Je pensais qu'il y avait quelque chose dans le vent. Oui, j'en étais sûr, quand vous êtes sorti de la maison aujourd'hui. Je l'ai su à votre apparence, même si je n'ai rien dit. Sur ma parole! Et vous vous considérez comme un homme respectable et un père de famille ! Aller à une foire parmi toutes sortes de gens, - à votre époque de la vie. Oui; et ne pense jamais à emmener ta femme avec toi. Oh non! tu peux aller t'amuser, avec je ne sais qui : sortir et te rendre très agréable, j'ose dire. Ne me le dis pas ; J'entends dire à quel point M. Caudle est un gentil compagnon : quelle personne de bonne humeur. Ha! J'aimerais seulement que les gens puissent te voir à la maison, c'est tout. Mais il en va de même pour les hommes. Ils peuvent garder toute leur bonne humeur pour le dehors, leurs femmes n'en voient jamais rien. Oh cher! Je suis sûr que je ne sais pas qui serait une pauvre femme !

« Maintenant, Caudle, je ne suis pas de mauvaise humeur ; pas du tout. Je sais que j'étais un imbécile lorsque nous nous sommes mariés pour la première fois : je m'inquiétais et m'ennuyais à mort quand tu sortais ; mais j'ai surmonté ça. Je ne me mettrais pas à l'écart maintenant pour le meilleur homme qui ait jamais marché. De quels remerciements une pauvre femme reçoit-elle ? Pas du tout. Non : on pense le mieux à ceux qui ne s'occupent pas de leur famille. J'aimerais seulement pouvoir me résoudre à ne pas prendre soin du mien.

« Et pourquoi ne pouvais-tu pas dire, comme un homme, que tu allais à la Foire de Greenwich quand tu sortais ? Cela ne sert à rien de dire cela, M. Caudle : ne me dites pas que vous n'avez pas pensé à y aller ; vous y étiez décidé, et vous le savez. Vous avez fait de jolis jeux, sans aucun doute ! J'aurais aimé être derrière toi, c'est tout. Un homme à votre époque de vie !

« Et moi, bien sûr, je ne veux jamais sortir. Oh non! Je peux rester à la maison avec le chat. Vous ne pourriez pas songer à emmener votre femme et vos enfants, comme tout autre homme honnête, à une foire. Oh non, tu ne te soucies jamais d'être vu avec nous. Je suis sûr que beaucoup de gens ne savent pas du tout que vous êtes marié : comment le peuvent-ils ? Votre femme n'a jamais été vue avec vous. Oh non; n'importe qui sauf ceux qui vous appartiennent !

« La Foire de Greenwich, en effet ! Oui, et bien sûr, vous avez monté et descendu la colline, courant et couru avec personne ne sait qui. Ne me le dis pas ; Je sais ce que tu es quand tu es dehors. Vous ne pensez pas, M. Caudle, que j'ai oublié ce bonnet rose, n'est-ce pas ? Non : je ne tiendrai pas ma langue et je ne suis pas une femme idiote. Peu importe, monsieur, si le bonnet rose existait il y a cinquante ans, c'est tout de même pour cela. Non : et si je vis encore cinquante ans, je ne cesserai jamais d'en parler. Vous devriez avoir honte de vous, M. Caudle. Ha! peu d'épouses auraient été ce que j'ai été pour toi. J'aimerais seulement que mon heure revienne, c'est tout ; Je ne serais pas aussi idiot que je l'ai été.

« Je vais à une foire ! et je suppose que les bohémiens vous ont prédit votre avenir ? Vous n'aviez pas besoin de gaspiller votre argent. Je suis sûr que je peux vous prédire votre avenir si vous continuez comme vous le faites. Oui, la prison sera votre fortune, M. Caudle. Et cela n'aurait aucune importance si votre femme et vos enfants ne souffraient pas avec vous.

« Et puis tu devras monter sur des ânes.

« *Vous n'êtes pas allé à cheval sur des ânes ?*

"Oui; c'est très bien à vous de le dire : mais j'ose dire que vous l'avez fait. Je te le dis, Caudle, je sais ce que tu es quand tu es dehors. Je ne ferais confiance à aucun d'entre vous, surtout à vous, Caudle.

« Alors tu dois aller au cœur de la foire et demander aux filles de gratter ton manteau avec des hochets !

« *Vous ne pourriez pas vous en empêcher* s'ils *égratignaient votre manteau ?*

« Ne me le dis pas ; les gens ne grattent pas leurs manteaux à moins qu'ils ne soient encouragés à le faire. Et vous devez aussi vous balancer.

« *Tu n'es pas allé en balançoire ?*

« Eh bien, si vous ne l'avez pas fait, ce n'était pas de votre faute ; tu voulais y aller, je n'en doute pas.

« Et puis tu dois aller aux spectacles ? Voilà, vous ne le niez pas. Vous êtes allé à un spectacle.

« *Qu'en est-il , M. Caudle ?*

« Une bonne partie, monsieur. Il y a beaucoup de monde et de foule dans ces spectacles, je sais. De jolis endroits ! Et vous êtes un homme marié et père de famille. Non : je ne tiendrai pas ma langue. C'est très bien pour vous de menacer de vous lever. Vous devez aller à la foire de Greenwich, monter et descendre la colline en courant et jouer au baiser sur le ring. Pah ! c'est dégoûtant, M. Caudle. Oh, j'ose dire que vous y *avez* joué ; sinon, vous auriez aimé, et c'est tout aussi mauvais ; - et vous pouvez aller aux balançoires, aux spectacles et aux ronds-points. Si j'étais toi, je devrais cacher ma tête sous mes vêtements et avoir honte de moi.

« Et ce qui est le plus égoïste – le plus méchant de votre part, Caudle – vous pouvez aller vous amuser, et ne jamais même rapporter à la maison une noix en pain d'épice pour les pauvres enfants. Ne me dites pas que votre poche a été cueillie avec une livre de noix ! Belle entreprise dans laquelle vous devez avoir été pour faire votre poche.

« Mais j'ose dire que j'en saurai tout demain. Je n'ai aucun doute, monsieur, vous dansiez au Crown and Anchor. J'aurais aimé te voir. Non : je ne me rends pas ridicule. C'est toi qui te rends ridicule ; et tous ceux qui te connaissent le disent. Tout le monde sait ce que je dois supporter de ta part.

« Je vais à une foire, en effet ! A votre heure … »

« *Ici* , dit Caudle, *je me suis assoupi en entendant confusément les mots* : *colline, bohémiens , hochets, ronds-points, balançoires, bonnet rose, noix* .

CONFÉRENCE X -
SUR M. LES BOUTONS DE CHEMISE CAUDLE

« Voilà, M. Caudle, j'espère que vous êtes de meilleure humeur que ce matin ? Là, il n'est pas nécessaire de commencer à siffler : on ne se couche pas pour siffler. Mais c'est comme toi. Je ne peux pas parler, pour que tu n'essayes pas de m'insulter. Autrefois, je disais que tu étais la meilleure créature vivante ; maintenant tu deviens un véritable démon.

« *Est-ce que tu te laisses te reposer ?*

« Non : je ne te laisserai pas te reposer. C'est le seul moment où je dois te parler, et tu *m'entendras* . Je suis harcelé toute la journée : c'est très dur si je ne peux pas dire un mot la nuit : d'ailleurs, ce n'est pas souvent que j'ouvre la bouche, Dieu sait.

« Parce qu'une *fois* dans votre vie, votre chemise a eu besoin d'un bouton, vous devez presque jurer que le toit de la maison soit coupé !

« *Tu n'as pas juré ?*

« Ha, M. Caudle ! on ne sait pas ce qu'on fait quand on est passionné.

« *Vous n'étiez pas en colère ?*

« N'est-ce pas ? Eh bien, je ne sais pas ce qu'est une passion - et je pense que je devrais le faire à ce moment-là. J'ai vécu assez longtemps avec vous, M. Caudle, pour le savoir.

« C'est dommage que vous n'ayez pas quelque chose de pire à vous plaindre qu'un bouton de votre chemise. Si vous aviez *des* femmes, vous le feriez, je sais. Je suis sûr que je ne suis jamais sans une aiguille et du fil à la main. Entre toi et les enfants, je suis devenu un parfait esclave. Et quel est mon remerciement ? Pourquoi, si une fois dans votre vie un bouton de votre chemise se détache, pourquoi criez-vous « *oh* » ? - Je dis une fois, M. Caudle ; ou deux, ou trois fois, au maximum. Je suis sûr que Caudle, aucun bouton d'homme au monde n'est mieux entretenu que le vôtre. J'aurais seulement aimé garder les chemises que vous aviez lorsque vous vous êtes marié pour la première fois ! J'aimerais savoir où étaient tes boutons alors ?

« Oui, cela *vaut* la peine d'en parler ! Mais c'est comme ça que tu essaies toujours de me rabaisser. Vous vous mettez en colère, et si j'essaie seulement de parler, vous ne m'entendrez pas. C'est ainsi que vous, les hommes, parlerez toujours tout seul : une pauvre femme n'a pas le droit de dire un mot.

« C'est une belle idée que vous avez d'une femme, de supposer qu'elle n'a d'autre souci que les boutons de son mari. C'est en effet une jolie idée que vous avez du mariage. Ha! si seulement les femmes pauvres savaient ce qu'elles devaient endurer. Et avec des boutons, et une chose et une autre ! Ils ne s'attacheraient jamais, - non, pas au meilleur homme du monde, j'en suis sûr.

« *Que feraient-ils , M. Caudle* ?

«Eh bien, je ferai beaucoup mieux sans toi, j'en suis sûr.

« Et je crois, après tout, que le bouton n'était pas retiré de la chemise ; je pense que vous avez réussi, que vous avez peut-être quelque chose à dire. Oh, tu es assez agaçant, quand tu veux, pour n'importe quoi ! Tout ce que je sais, c'est qu'il est très étrange que le bouton soit retiré de la chemise ; car je suis sûr qu'aucune femme n'est plus esclave des boutons de son mari que moi. Je dis seulement que c'est très étrange.

« Cependant, il y a un réconfort ; ça ne peut pas durer longtemps. Je suis épuisé à mort par votre colère, et je ne vous dérangerai pas longtemps. Ha, tu peux rire ! Et j'ose dire que vous ririez ! Je n'en doute pas ! C'est votre amour - c'est votre sentiment ! Je sais que je coule chaque jour, même si je n'en dis rien. Et quand je serai parti, nous verrons comment votre seconde femme s'occupera de vos boutons. Vous découvrirez alors la différence. Oui, Caudle, tu penseras à moi alors ; car alors, j'espère, vous n'aurez jamais un bouton béni dans le dos.

« Non, je ne suis pas une femme vindicative, M. Caudle ; personne ne m'a jamais appelé comme ça, à part toi. Que dites-vous?

« *Personne n'a jamais autant su de moi* ?

« Cela n'a rien à voir du tout. Ha! Je n'aurais pas ton caractère agaçant, Caudle, pour les mines d'or. C'est une bonne chose que je ne m'inquiète pas autant que toi - sinon il y aurait une belle maison entre nous. J'aurais seulement aimé que tu aies une femme qui te parlerait ! Alors tu aurais connu la différence. Mais vous m'en imposez, parce que, comme un pauvre imbécile, je ne dis rien. Je devrais avoir honte de moi, Caudle.

« Et un joli exemple que vous donnez en tant que père ! Vous rendrez vos garçons aussi mauvais que vous. Parler comme vous l'avez fait tout au petit-déjeuner de vos boutons ! Et d'un dimanche matin aussi ! Et vous vous dites chrétien ! J'aimerais savoir ce que vos garçons diront de vous quand ils seront grands ? Et tout cela à propos d'un bouton dérisoire sur l'un de vos bracelets ! Un homme honnête n'en aurait pas parlé.

« *Pourquoi je ne tiens pas ma langue* ?

« Parce que je *ne* tiendrai pas ma langue. Je dois voir ma tranquillité d'esprit détruite - je dois m'inquiéter jusque dans ma tombe à cause d'un misérable bouton de chemise, et je dois tenir ma langue ! Oh! mais c'est comme vous les hommes !

« Mais je sais ce que je ferai pour l'avenir. Tous les boutons que vous avez peuvent disparaître, et je ne leur mettrai même pas de fil de discussion . Et j'aimerais savoir ce que vous ferez alors ? Oh, tu dois demander à quelqu'un d'autre de les coudre , n'est-ce pas ? C'est une jolie menace pour un mari que de tendre la main à sa femme ! Et pour une épouse comme j'ai été aussi : une telle nègre esclave de vos boutons, si je puis dire ! Quelqu'un d'autre pour les coudre , hein ? Non, Caudle, non : pas de mon vivant ! Quand je suis mort - et avec ce que je dois supporter, on ne sait pas dans combien de temps cela peut arriver - quand je suis mort, je dis - oh ! quelle brute tu dois être pour ronfler ainsi !

« *Tu ne ronfles pas* ?

"Ha! c'est ce que tu dis toujours ; mais cela n'a rien à voir. Vous devez demander à quelqu'un d'autre de les coudre , n'est-ce pas ? Ha! Je ne devrais pas me demander. Oh non! Je ne devrais m'étonner de rien, maintenant ! Rien du tout! C'est ce à quoi les gens m'ont toujours dit que cela aboutirait, et maintenant les boutons m'ont ouvert les yeux ! Mais le monde entier connaîtra votre cruauté, M. Caudle. Après la femme que j'ai été avec toi. Quelqu'un d'autre, en effet, pour coudre vos boutons ! Je ne dois plus être maîtresse dans ma propre maison ! Ha, Caudle ! Je n'aurais sur la conscience ce que vous avez, pour rien au monde ! Je ne traiterais personne comme vous le faites – non, je ne suis pas en colère ! C'est vous, M. Caudle, qui êtes fou, ou méchant - et c'est pire ! Je ne peux même pas parler d'un bouton de chemise, mais je suis menacé de n'être plus personne dans ma propre maison ! Caudle, tu as un cœur comme une pierre de foyer, tu l'as ! Pour me menacer, et seulement parce qu'un bouton – un bouton – »

« *Je n'avais conscience de rien de plus que cela* », dit Caudle; " *car ici la nature m'a soulagé d'un sommeil doux* et profond . "

CONFÉRENCE XI -
MME. CAUDLE Suggère à sa chère mère de « venir vivre avec eux ».

« Est-ce que ton rhume s'est amélioré ce soir, Caudle ? Oui; Je croyais que c'était. « Demain, tout ira bien, j'ose le dire. Il y a un amour ! Tu ne prends pas assez soin de toi, Caudle, tu ne le fais pas. Et vous devriez le faire, j'en suis sûr, ne serait-ce que pour mon bien. Quoi que je devrais faire, s'il vous arrivait quelque chose – mais j'y pense ; non, je ne peux pas supporter de penser *à ça* . Pourtant, vous devriez prendre soin de vous ; car tu sais que tu n'es pas fort, Caudle ; tu sais que tu ne l'es pas.

« Ma chère mère n'était-elle pas si heureuse avec nous ce soir ? Maintenant, tu n'as pas besoin de t'endormir si soudainement. Je dis, n'était-elle pas si heureuse ?

« *Tu ne sais pas* ?

« Comment peux-tu dire que tu ne sais pas ? Vous avez dû le voir. Mais elle est toujours plus heureuse ici qu'ailleurs. Ha! quel caractère a cette chère âme ! J'appelle cela un tempérament de satin ; c'est si lisse, si facile et si doux. Rien ne la met à l'écart. Et puis, si tu savais comme elle prend ton parti, Caudle ! Je suis sûr que si tu avais été son propre fils dix fois, elle ne pourrait pas t'aimer davantage. Tu ne le penses pas, Caudle ? Hein, mon amour ? Maintenant, répondez.

" *Comment pouvez-vous dire* ?

« C'est absurde, Caudle ; tu as dû le voir. Je suis sûr que rien ne ravit autant la chère âme que lorsqu'elle réfléchit à comment vous plaire.

« Tu ne te souviens pas du jeudi soir, de la compote d'huîtres quand tu rentrais à la maison ? Tout cela était l'œuvre de ma chère mère ! « Margaret, me dit-elle, il fait froid la nuit ; et ne pensez-vous pas que le cher M. Caudle aimerait quelque chose de gentil avant d'aller se coucher ? Et c'est ainsi, Caudle, que les huîtres sont nées. Maintenant, ne dors pas, Caudle : écoute-moi pendant cinq minutes ; " Ce n'est pas souvent que je parle, Dieu sait.

« Et puis, quelle histoire elle fait quand tu es dehors, si on ne met pas tes pantoufles au feu pour toi.

« *Elle est très bien* ?

"Oui, - je sais qu'elle l'est, Caudle. Et cela ne fait-elle pas six mois - même si je lui ai promis de ne pas te le dire - de travailler comme garde-montre pour toi depuis six mois ! Et avec *ses* yeux, chère âme - et à *son* époque de vie !

« Et puis quelle cuisinière elle est ! Je suis sûr que les plats qu'elle préparera avec presque rien ! J'essaie assez fort de la suivre : mais, je n'ai pas honte de l'avouer, Caudle, elle me bat assez. Ha! les nombreuses petites choses sympas qu'elle vous concocterait - et je ne peux pas le faire ; les enfants, tu le sais, Caudle, prennent tellement de mon temps. Je ne peux pas le faire, mon amour ; et je me reproche souvent de ne pas pouvoir le faire. Maintenant, tu ne vas pas dormir, Caudle ; du moins pas pendant cinq minutes. Vous devez m'entendre.

« J'ai réfléchi, ma chérie : ha ! cette vilaine toux, mon amour ! - J'ai pensé, chérie, si seulement nous pouvions persuader ma chère mère de venir vivre avec nous. Maintenant, Caudle, tu ne peux pas dormir ; c'est impossible - tu toussais à l'instant même - oui, de vivre avec nous. Quel trésor nous devrions avoir en elle ! Alors, Caudle, tu n'as jamais besoin d'aller au lit sans quelque chose de bien chaud. Et tu le veux, Caudle.

« *Tu n'en veux pas ?*

« C'est absurde, c'est vrai ; car tu n'es pas fort, Caudle ; tu sais que tu ne l'es pas.

« Je suis sûr qu'elle nous ferait économiser de l'argent en entretien ménager. Ha! quel oeil elle a pour un joint ! Le boucher ne marche pas, ce qui pourrait tromper ma chère maman. Et puis encore, pour la volaille ! Quel doigt et quel pouce elle a pour un poulet ! Je n'ai jamais pu commercialiser comme elle : c'est un cadeau, tout un cadeau.

« Et puis tu te souviens de ses puddings à la moelle ?

« *Vous ne vous en souvenez pas ?*

« Oh, fi ! Caudle, combien de fois m'as-tu jeté ses puddings à la moelle au visage, voulant savoir pourquoi je ne pouvais pas les faire ? Et je ne prétendrais pas le faire après ma chère mère. Je devrais penser que c'est une présomption. Maintenant, mon amour, si seulement elle vivait avec nous - viens, tu ne dors pas, Caudle - si seulement elle vivait avec nous, tu pourrais avoir des puddings à la moelle tous les jours. Maintenant, ne vous précipitez pas et ne commencez pas à injurier les puddings à la moelle ; tu sais que tu les aimes , chérie.

« Quelle main aussi, ma chère maman, a pour le fond de tarte ! Mais c'est né avec certaines personnes. Que dites-vous?

« *Pourquoi n'est-il pas né avec moi ?*

« Maintenant, Caudle, c'est cruel – insensible de votre part ; Pour rien au monde je ne vous aurais fait un pareil reproche. Considérez, ma chère ; les gens ne peuvent pas naître comme ils le souhaitent.

« Combien de fois aussi avez-vous eu envie de brasser à la maison ! Et je n'ai jamais pu apprendre quoi que ce soit sur le brassage. Mais, ah ! quelle bière chère mère fait !

« Vous n'y avez jamais goûté ?

«Non, je le sais. Mais je me souviens de la bière que nous buvions à la maison : et mon père ne buvait jamais de vin après. Le meilleur sherry n'avait rien de tel.

« Vous osez dire non ?

"Non; ce n'était pas le cas, Caudle. Alors, si ma chère mère était seulement avec nous, que d'argent nous épargnerions en bière ! Et puis vous pourriez toujours avoir votre propre bière pure, bonne et saine, Caudle ; et quel bien cela vous ferait ! Car tu n'es pas fort, Caudle.

« Et puis les confitures et conserves de chère maman, mon amour ! Je le possède, Caudle ; il m'est souvent venu au cœur qu'avec de la viande froide, on n'ait pas toujours eu un pudding. Maintenant, si maman était avec nous, en matière de puddings aux fruits, elle préparerait l'été toute l'année. Mais je n'ai jamais pu préserver - maintenant, ma mère le fait, et pour presque rien. Quels jolis chiens dans une couverture elle ferait pour les enfants !

« C'est quoi les chiens dans une couverture ?

« Oh, ils sont délicieux – comme ma chère mère les prépare .

« Maintenant, tu *as* goûté son ragoût irlandais, Caudle ? Tu te souviens de CA? Viens, tu ne dors pas, tu te souviens de ça ? Et comme vous l'aimez ! Et je sais que je ne l'ai jamais fait pour te plaire ! Eh bien, quel soulagement pour moi ce serait si ma chère mère était toujours à portée de main, que tu puisses manger un ragoût quand tu veux. Quelle charge cela me ferait perdre l'esprit.

« Encore une fois, pour les cornichons ! Pas du tout comme les cornichons des autres. Son chou rouge, eh bien, il est croustillant comme un biscuit ! Et puis ses noix – et toutes sortes de noix ! Hein, Caudle ? Vous savez à quel point vous aimez les cornichons ; et comment on se moque parfois d' eux ? Or, si ma chère mère était là, jamais un mot ne passerait entre nous. Et je suis sûr que rien ne me rendrait plus heureux, car... tu ne dors pas, Caudle ? - car je ne supporte pas de me disputer, n'est-ce pas, mon amour ?

« Les enfants aussi l'aiment tellement ! Et elle me serait d'une grande aide avec eux ! Je suis sûr qu'avec ma chère mère à la maison, je ne devrais pas me soucier de la rougeole ou de quoi que ce soit de ce genre. En tant qu'infirmière, elle est un tel trésor !

« Et à son époque, quelle couturière ! Et le raccommodage et le raccommodage pour les enfants, ça me dépasse vraiment maintenant, Caudle.

Maintenant, avec ma mère à mes côtés, plus aucun point ne manquerait dans la maison.

" Et puis, quand tu sors tard, Caudle - car je sais que tu dois parfois sortir tard : je ne peux pas m'attendre, bien sûr, à ce que tu sois toujours à la maison - pourquoi alors ma chère mère pourrait-elle s'asseoir pour toi, et rien ne ravirait autant la chère âme.

« Et donc, Caudle, mon amour, je pense que ma chère mère ferait mieux de venir, n'est-ce pas ? Hein, Caudle ? Maintenant, tu ne dors pas, chérie ; tu ne penses pas qu'elle ferait mieux de venir ? Vous dites *non* ?

« Vous dites encore *non* ? *Vous ne l'aurez pas* , dites-vous ?

« *Tu ne le feras pas* , *c'est plat* ?

« Caudle – Cau- Caudle – Cau- dle - »

« *Ici, Mme Caudle* , dit son mari, *fondit soudain en larmes ; et je me suis endormi* .

CONFÉRENCE XII -
M. CAUDLE ÊTRE RENDU UN PEU TARD, DÉCLARE QUE DÉSORMAIS « IL AURA UNE CLÉ ».

« Sur ma parole, M. Caudle, je pense que c'est une perte de temps de venir au lit maintenant ! Les coqs vont chanter dans une minute. Garder les gens éveillés jusqu'à midi passé. Oh oui! vous passez pour un homme de très bons sentiments au dehors, j'ose dire ! C'est dommage que vous n'ayez pas un peu de sentiment pour ceux qui vous appartiennent à la maison. Une belle heure pour tenir les gens hors de leur lit !

« Pourquoi je *me suis assis* alors ?

« Parce que j'ai choisi de m'asseoir – mais c'est mon merci. Non, ça ne sert à rien de parler, Caudle ; Je ne laisserai jamais *la* fille s'asseoir pour toi, et il y a une fin. Que dites-vous?

« *Pourquoi s'assoit - elle avec* moi *alors ?*

« C'est une tout autre affaire : vous ne pensez pas que je vais m'asseoir seul, n'est-ce pas ? Que dites-vous?

« *A quoi ça sert d'être assis à deux ?*

«C'est mon affaire. Non, Caudle, ce n'est rien de tel. Je *ne* m'assois pas parce que j'ai peut-être le plaisir d'en parler ; et vous êtes une créature ingrate et insensible pour dire cela. Je m'assois parce que je le choisis ; et si vous ne rentrez pas à la maison toute la nuit – et cela arrivera bientôt, j'en suis sûr – néanmoins, je ne me coucherai jamais, alors n'y pensez pas.

"Oh oui! le temps s'écoule très agréablement avec vous les hommes dans vos clubs - créatures égoïstes ! Vous pouvez rire et chanter, raconter des histoires, sans jamais penser à l'horloge ; ne pensez jamais qu'il existe une personne telle qu'une épouse qui vous appartient. Cela n'a rien à voir avec vous qu'une pauvre femme se lève, raconte les minutes et voit toutes sortes de choses dans le feu - et pense parfois que quelque chose d'horrible vous est arrivé - elle est encore plus idiote de se soucier de vous ! - Tout cela n'est rien. Oh non; une fois mariée, une femme est une esclave – pire qu'une esclave – et doit tout supporter !

« Et ce que vous pouvez trouver à dire, je n'arrive pas à le penser ! Au lieu d'un homme assis tous les soirs à la maison avec sa femme, et se couchant à une heure chrétienne, - allant dans un club, rencontrant un groupe de gens qui ne se soucient pas de lui - c'est monstrueux ! Que dites-vous?

« Vous n'y allez qu'une fois par semaine ?

« Cela n'a rien à voir : autant y aller tous les soirs ; et j'ose dire que vous le ferez bientôt. Mais si vous le faites, vous pouvez entrer comme vous pouvez : *je* ne veillerai pas à votre place, je peux vous le dire.

« Ma santé est détruite nuit après nuit, et – oh, ne dites pas que c'est seulement une fois par semaine ; Je vous le dis, cela n'a rien à voir : si vous aviez des yeux, vous verriez combien je suis malade ; mais tu n'as d'yeux pour personne qui t'appartient : oh non ! tes yeux sont vers les gens du dehors. C'est très bien que vous me traitiez de femme stupide et agaçante ! J'aimerais voir la femme qui veillerait sur vous comme moi.

« Tu ne voulais pas que je m'assoie ?

"Oui oui; c'est votre remerciement - c'est votre gratitude : je dois ruiner ma santé et être maltraité pour cela. Vous avez de beaux principes dans ce club, M. Caudle !

« Mais il y a un réconfort – un grand réconfort ; ça ne peut pas durer longtemps : je coule – je le sens, même si je n'en dis jamais rien – mais je connais mes propres sentiments, et je dis que ça ne peut pas durer longtemps. Et puis j'aimerais savoir qui va vous remplacer ! Alors j'aimerais savoir comment se porte votre seconde épouse... qu'en dites-vous ?

« Vous ne serez jamais dérangé par un autre ?

« Troublé, en effet ! Je ne t'ai jamais dérangé, Caudle. Non; c'est toi qui m'as troublé ; et vous le savez; mais, comme une femme insensée, j'ai tout supporté et je n'en ai jamais dit un mot. Mais cela *ne peut pas* durer – c'est une bénédiction !

« Oh, si seulement une femme pouvait savoir ce qu'elle devrait souffrir avant de se marier… Ne me dis pas que tu veux dormir ! Si vous voulez dormir, vous devriez rentrer à la maison à des heures convenables ! Il est temps de se lever, pour ce que je sais, maintenant. Ne vous demandez pas si vous entendez le lait dans cinq minutes – les moineaux sont déjà là ; oui, je dis les moineaux ; et, Caudle, tu devrais rougir de les entendre .

« Vous ne les entendez pas ?

"Ha! vous ne les entendrez pas , vous voulez dire : *je* les entends . Non, M. Caudle ; ce *n'est pas* le vent qui siffle dans le trou de la serrure ; Je ne suis pas tout à fait idiot, même si vous le pensez. J'espère que je connais le vent d'un moineau !

"Ha! quand je pense quel homme tu étais avant notre mariage ! Mais vous êtes maintenant une autre personne – une créature tout à fait différente. Mais je suppose que vous êtes tous pareils – j'ose dire, toutes les pauvres femmes sont troublées et harcelées, même si je ne l'espère pas autant que moi. En fait, j'espère que non ! Partir et rester dehors, et -

"Quoi!

« *Tu auras une clé* ?

"Veux-tu? Pas de mon vivant, M. Caudle. Je ne vais pas me coucher avec la porte sur le loquet pour vous ou pour le témoin qui respire.

« *Vous n'aurez pas de loquet - vous aurez une serrure Chubb's* ?

"Veux-tu? Je n'aurai pas de Chubb ici, je peux vous le dire. Que dites-vous?

« *Vous ferez mettre la serrure demain* ?

«Eh bien, essayez-le; c'est tout ce que je dis, Caudle ; essayez-le. Je ne te laisserai pas me mettre en colère ; mais tout ce que je dis, c'est : essayez-le.

« Une chose respectable que, pour qu'un homme marié ait sur lui : une clé de porte de rue ! Cela raconte une histoire , je pense. Une belle chose pour un père de famille ! Une clé! Quoi, entrer et sortir quand bon vous semble ! Entrer comme un voleur en pleine nuit, au lieu de frapper à la porte comme une honnête personne ! Oh, ne me dis pas que tu veux seulement m'empêcher de m'asseoir - si je choisis de m'asseoir, qu'est-ce que ça te fait ? Certaines femmes, en effet, feraient du bruit à l'idée de s'asseoir, mais *vous n'avez* aucune raison de vous plaindre – Dieu sait !

«Eh bien, ma parole, j'ai vécu pour entendre quelque chose. Emportez la clé de la porte d'entrée avec vous ! J'ai entendu parler de telles choses avec de jeunes célibataires bons à rien, sans que personne ne se soucie de ce qu'ils deviennent ; mais pour qu'un homme marié laisse sa femme et ses enfants dans une maison avec une porte fermée à loquet - ne me parlez pas de Chubb, c'est tout de même - vous devez vous soucier beaucoup de nous. Oui, c'est très bien pour toi de dire que tu veux seulement la clé de la paix et de la tranquillité - qu'est-ce que ça te fait, si j'aime m'asseoir ? Vous n'avez pas à vous plaindre ; cela ne peut pas vous affliger. Maintenant, cela ne sert à rien de parler ; tout ce que je dis, c'est ceci, Caudle : si vous envoyez un homme pour mettre une serrure ici, j'appellerai un policier ; comme je suis ta femme mariée, je le ferai.

« Non, je pense que lorsqu'un homme vient chercher la clé de la porte de la rue, plus tôt il deviendra célibataire, mieux ce sera. Je suis sûr, Caudle, que je ne veux pas vous gêner. Maintenant, ça ne sert à rien que tu me dises de me taire, car je... Quoi ?

« *Je vous donne mal à la tête , n'est-ce pas* ?

« Non, je ne le fais pas, Caudle ; c'est votre club qui vous donne mal à la tête ; c'est ta fumée, et ton - eh bien ! si jamais j'ai connu un tel homme de toute ma vie ! on ne peut pas te dire un mot ! Vous sortez et vous vous traitez comme un empereur - et vous rentrez à la maison à midi ou à n'importe quelle heure d'après ce que je sais, et ensuite vous menacez d'avoir une clé, et - et - et -

" *Je l'ai fait* " Enfin, je vais dormir ", dit Caudle, " *au milieu des phrases tombantes de* ' *emmener les enfants dans un logement* ' - ' *entretien séparé* ' - ' *ne sera pas fait esclave de* ' *- et ainsi de suite .*"

CONFÉRENCE XIII -
MME. CAUDLE EST VOIR SA CHÈRE MÈRE. - CAUDLE, À LA « JOYEUSE OCCASION », A ORGANISÉ UNE FÊTE ET DÉLIVRÉ UNE CARTE D'INVITATION

« C'est *dur*, je pense, M. Caudle, de ne pas pouvoir quitter la maison pendant un jour ou deux, mais la maison doit être transformée en taverne : une taverne ? - un pothouse ! Oui, je pensais que vous vouliez beaucoup que je parte ; Je pensais que tu voulais te débarrasser de moi pour quelque chose, sinon tu n'aurais pas insisté pour que je reste toute la nuit chez ma chère mère. Vous aviez peur que je prenne froid en rentrant à la maison, n'est-ce pas ? Oh oui, vous pouvez être très tendre, vous le pouvez, M. Caudle, quand cela vous convient. Oui! et le monde pense que tu es un bon mari ! J'aimerais seulement que le monde te connaisse aussi bien que moi, c'est tout ; mais ça arrivera un jour, je suis déterminé.

« Je suis sûr que la maison ne sera pas douce avant un mois. Tous les rideaux sont empoisonnés de fumée ; et en plus, avec la fumée la plus sale que j'aie jamais connue.

« *Enlevez - les, alors ?*

« Oui, c'est très bien pour vous de dire de les éliminer ; mais ils n'ont été nettoyés et installés qu'il y a un mois ; mais vous avez perdu une épouse prudente, M. Caudle. Vous auriez dû épouser quelqu'un qui aurait laissé votre maison tomber en ruine, comme je le ferai à l'avenir. Les gens qui ne se soucient pas de leur famille sont mieux considérés que ceux qui le font ; Je l'ai découvert depuis longtemps.

« Et dans quel état est le tapis ! Ils en ont pris cinq livres, voire un sou, avec leurs bottes sales, et je ne sais quoi d'autre. Et puis la fumée dans le foyer, et un grand trou de cendre brûlé dedans ! Je n'ai jamais vu une telle maison de *ma* vie ! Si vous vouliez avoir quelques amis, pourquoi ne pourriez-vous pas les inviter quand votre femme est à la maison, comme n'importe quel autre homme ? Je ne les laisse pas se faufiler, comme une bande de cambrioleurs, dès qu'une femme lui tourne le dos. Il faut qu'ils soient de jolis gentlemen, il le faut ; méchants gars, qui ont peur d'affronter une femme ! Ha! et vous vous appelez tous les seigneurs de la création ! Je voudrais seulement voir ce que deviendrait la création, si vous étiez laissés à vous-mêmes ! Une jolie création de cornichon serait très prochainement !

« Vous deviez tous être en bon état ! Que dites-vous?

« *Tu n'as rien pris ?*

« Tu n'as rien pris, n'est-ce pas ? Je suis sûr qu'il y a un tel régiment de bouteilles vides que je n'ai pas eu le cœur de les compter . Et du punch aussi ! tu dois avoir du punch ! Il y a cent demi-citrons dans la cuisine, s'il y en a un : car Susan, en bonne fille, les a gardés pour me les montrer . Non monsieur; Susan *ne quittera pas la maison* ! Que dites-vous?

« *Elle n'a pas le droit de raconter des histoires , et tu* SERAIS *maître dans ta propre maison ?*

"Veux-tu? Si vous ne changez rien, M. Caudle, vous n'aurez bientôt plus de maison dont vous pourrez être maître. J'ai laissé une miche entière de sucre dans le placard, et maintenant il n'y en a plus autant qu'une tasse de thé. Pensez-vous que je doive trouver du sucre pour le punch de cinquante hommes ? Que dites-vous?

« *Il n'y en avait pas cinquante ?*

« Ce n'est pas grave ; plus c'est honteux pour eux , monsieur. Je suis sûr qu'ils ont bu assez pour cinquante. Pensez-vous que je doive trouver du sucre pour le punch pour tout le monde avec l'argent de mon ménage ?

« *Tu ne me le demandes pas ?*

« Tu ne me le demandes pas ? Tu fais; vous le savez : car si je veux seulement un shilling de plus, la maison est en feu. Et pourtant, on peut jeter toute une miche de sucre dessus - Non, je *ne* resterai pas tranquille ; et je *ne* te laisserai pas dormir. Si vous vous étiez couché à une heure appropriée la nuit dernière, vous n'auriez pas eu autant sommeil maintenant. Vous pouvez rester éveillé la moitié de la nuit avec une bande de gens qui ne se soucient pas de vous, et votre pauvre femme ne peut pas dire un mot !

« Et il y a cette image de porcelaine que j'avais quand j'étais marié — je n'aurais pas pris une somme d'argent pour cela, et vous le savez — et comment puis-je la trouver ? Avec sa précieuse tête arrachée ! Et ce qu'il y avait de plus mesquin, de plus méprisable que tout le reste, on le recommençait, comme si de rien n'était.

« *Vous n'en saviez rien ?*

« Maintenant, comment peux-tu t'allonger là, dans ton lit de chrétien, Caudle, et dire ça ? Vous savez que ce type, Prettyman, s'est cogné la tête avec le tisonnier ! Vous savez qu'il l'a fait. Et tu n'avais pas le sentiment - oui, je vais le dire - tu n'avais pas le sentiment de protéger ce que tu savais être précieux pour moi. Oh non, si la vérité était connue, vous seriez heureux de la voir brisée pour cette raison même.

« De toutes les manières, j'ai été insulté. J'aimerais savoir qui est celui qui a bouché les moustaches sur la photo de ma chère tante ? Oh! tu ris, n'est-ce pas ?

« *Tu ne ris pas ?*

« Ne me dis pas ça. Alors, j'aimerais savoir ce qui fait trembler le lit, si vous ne riez pas ? Oui, des moustaches bouchées sur son cher visage, - et elle vous était chère, Caudle, et vous devriez avoir honte de la voir maltraitée. Oh, vous pouvez rire ! C'est très facile de rire ! J'aimerais seulement que tu te sentes un peu comme les autres, c'est tout.

« Et puis il y a ma tasse en porcelaine – la tasse que j'avais avant mon mariage – quand j'étais une créature heureuse. J'aimerais savoir qui a fait tomber le bec de cette tasse ? Ne me dites pas qu'il a déjà été fissuré – ce n'est rien de tel, Caudle ; il n'y avait aucun défaut - et maintenant, j'aurais pu pleurer quand je l'ai vu. Ne me dis pas que ça ne valait pas deux pence . Comment savez-vous? Vous n'achetez jamais de tasses. Mais c'est comme les hommes ; ils pensent que rien dans une maison ne coûte rien.

« Il y a quatre verres cassés et neuf fêlés. Du moins, c'est tout ce que j'ai découvert pour le moment ; mais j'ose dire que j'en découvrirai une douzaine demain.

« Et j'aimerais savoir où est passé le parapluie en coton – et j'aimerais savoir qui a cassé la sonnette – et peut-être que vous ne savez pas qu'il y a un pied sur une chaise, – et peut-être … »

« *J'étais résolu* », dit Caudle, « *à ne rien savoir , et je m'endormis donc dans mon ignorance .* »

CONFÉRENCE XIV -
MME. CAUDLE PENSE QUE IL EST « GRAND TEMPS » QUE LES ENFANTS DOIVENT AVOIR DES VÊTEMENTS D'ÉTÉ

« Voilà, Caudle ! S'il y a quelque chose au monde que je déteste - et tu le sais, Caudle - c'est te demander de l'argent. J'en suis sûr pour moi, je préférerais me passer de rien mille fois, et c'est ce que je fais - c'est d'autant plus honteux que vous me le permettiez, mais - voilà, maintenant ! voilà, tu t'envoles à nouveau !

« *Qu'est-ce que je veux maintenant* ?

« Eh bien, vous devez savoir ce que l'on veut, si vous avez des yeux – ou de la fierté pour vos enfants, comme n'importe quel autre père.

« *Qu'est-ce qu'il y a – et où est-ce que je veux en venir* ?

« Oh, c'est absurde, Caudle ! Comme si vous ne le saviez pas ! Je suis sûr que si j'avais de l'argent à moi, je ne vous demanderais jamais un sou ; jamais; ça me fait mal, Dieu sait ! Que dites-vous?

« *Si c'est douloureux , pourquoi le faire si souvent* ?

"Ha! Je suppose que vous appelez ça une blague - une de vos blagues de club ? J'aimerais que tu penses un peu plus aux sentiments des gens et moins à tes blagues. Comme je l'ai dit, j'aimerais seulement avoir mon propre argent. S'il y a quelque chose qui humilie une pauvre femme, c'est bien d'aller dans la poche d'un homme pour chaque centime. C'est affreux !

« Maintenant, Caudle, si jamais tu restes éveillé, tu veilleras cette nuit – oui, tu m'entendras, car ce n'est pas souvent que je parle, et alors tu pourras t'endormir dès que tu voudras. S'il vous plaît, savez-vous quel mois nous sommes ? Et avez-vous vu comment les enfants regardaient l'église aujourd'hui - comme les enfants de personne d'autre ?

« *Qu'avaient-ils* ?

« Oh, Caudle ! Comment pouvez-vous demander ? Les pauvres choses ! n'étaient-ils pas tous vêtus de leurs épais mérinos et de leurs bonnets de castor ? Que dites-vous? -

« *Et alors* ?

"Quoi! tu me diras que tu n'as pas vu comment les filles des Briggs, dans leurs nouveaux chips, leur ont fait le nez ? Et vous n'avez pas vu comment les

Brown regardaient les Smith, puis nos chères filles, au point de dire : « Pauvres créatures ! quels chiffres pour le mois de mai !

« *Vous ne l'avez pas vu ?*

« C'est encore plus honteux pour toi – tu l'aurais fait si tu avais eu les sentiments d'un parent – mais je suis désolé de le dire, Caudle, ce n'est pas le cas. Je suis sûr que ce sont les filles de Briggs - les petites minx ! - Mettez-moi dans une telle situation que j'aurais pu leur tirer les oreilles par- dessus le banc. Que dites-vous?

« *Je devrais avoir honte de le posséder ?*

« Non, M. Caudle ; la honte est sur vous, qui ne laissez pas vos enfants apparaître à l'église comme les enfants des autres, qui les mettent mal à l'aise dans leurs dévotions, les pauvres ! car comment pourrait-il en être autrement, quand ils se voient habillés comme personne ?

« Maintenant, Caudle, ça ne sert à rien de parler ; ces enfants ne franchiront pas le seuil dimanche prochain, s'ils n'ont pas de choses pour l'été. Attention, ils ne le feront pas ; et c'est fini. Je ne les exposerai plus aux Briggs et aux Brown : non, ils sauront qu'ils ont une mère, s'ils n'ont pas de père à éprouver pour eux . Qu'en dis-tu, Caudle ?

« *Je dois beaucoup penser à l'église , si je pense autant à ce que nous fréquentons ?*

« J'aimerais seulement que tu penses autant que moi, tu serais un homme meilleur que tu ne l'es, Caudle, je peux te le dire ; mais cela n'a rien à voir. Je parle de vêtements décents pour les enfants pour l'été, et vous voulez me rebuter avec quelque chose sur l'église ; mais ça te ressemble tellement, Caudle !

« *Je veux toujours de l'argent pour des vêtements ?*

« Comment peux-tu t'allonger dans ton lit et dire ça ? Je suis sûr qu'il n'y a pas d'enfants au monde qui coûtent si peu à leur père : mais c'est tout ; moins une pauvre femme en fait, moins elle le peut. Ce sont les épouses qui ne se soucient pas d'où vient l'argent qu'on pense le mieux. Oh, si mon heure devait revenir, est-ce que je raccommoderais et recoudrais et ferais en sorte que les choses aillent aussi loin que je l'ai fait ? Non, je ne le ferais pas. Oui, c'est très bien pour vous de rester là et de rire ; c'est facile de rire, Caudle – très facile, pour les gens qui ne ressentent rien.

« Maintenant, Caudle, chérie ! Quel homme tu es ! Je sais que vous me donnerez de l'argent, parce qu'après tout, je pense que vous aimez vos enfants et que vous aimez les voir bien habillés. Il est tout à fait naturel qu'un père le fasse. Hein, Caudle, hein ? Maintenant, tu ne dormiras pas avant de me l'avoir dit .

« *Combien d'argent je veux* ?

"Eh bien, laisse-moi voir, mon amour. Il y a Caroline, et Jane, et Susannah, et Mary Anne, et... Qu'en dis-tu ?

« *Je n'ai pas besoin de les compter ; tu sais combien il y en a* ?

"Ha! c'est juste au moment où tu me prends. Eh bien, combien d'argent cela prendra-t-il ? Laissez-moi voir; et ne dors pas. Je te le dirai dans une minute. Tu aimes toujours voir les choses qui te sont chères comme de nouvelles épingles, je le sais, Caudle ; et même si je le dis − bénis leurs petits cœurs ! - ils te font honneur, Caudle. N'importe quel noble du pays pourrait en être fier . Maintenant, n'insultez pas les nobles du pays et demandez-moi ce qu'ils ont à voir avec vos enfants ; tu sais ce que je voulais dire. Mais tu *es* si pressé, Caudle.

" *Combien* ?

« Maintenant, ne soyez pas pressé ! Eh bien, je pense qu'avec un bon pincement - et tu sais, Caudle, il n'y a jamais de femme qui puisse pincer plus près que moi - je pense qu'avec un bon pincement, je peux me contenter de vingt livres. Qu'est-ce que vous avez dit?

« *Vingt baguettes* ?

"Quoi?

« *Vous ne donnerez pas la moitié de l'argent* ?

« Très bien, M. Caudle ; Je m'en fiche : laissez les enfants partir en haillons ; laissez-les s'arrêter de l'église et grandir comme des païens et des cannibales, et alors vous économiserez votre argent et, je suppose, serez satisfait.

« *Vous m'avez donné vingt livres il y a cinq mois* ?

« Qu'est-ce qu'il y a cinq mois à voir avec maintenant ? D'ailleurs, ce que j'ai *vécu* n'a rien à voir avec ça.

"Que dites-vous?

« *Dix livres suffisent* ?

« Oui, tout comme vous les hommes ; vous pensez que les choses ne coûtent rien pour les femmes ; mais vous ne vous souciez pas de ce que vous dépensez sur vous-mêmes.

« *Ils ne veulent que des bonnets et des robes* ?

« Comment sais-tu ce qu'ils veulent ? *Comment* un homme devrait-il en savoir quoi que ce soit ? Et vous ne donnerez pas plus de dix livres ? Très bien. Ensuite, vous pourrez faire du shopping avec vous-même et voir ce que *vous* en ferez. Je n'aurai aucun de vos dix livres, je peux vous le dire. Non, monsieur, - non ; vous n'avez aucune raison de dire cela.

« *Je ne veux pas habiller les enfants en comtesses* ?

« Tu me lances souvent cela dans les dents, tu le fais : mais tu sais que c'est faux, Caudle ; tu le sais. Je veux seulement leur donner une bonne idée d'eux-mêmes : et en effet, que *peuvent* penser les pauvres gens quand ils voient les Briggs, les Brown et les Smith - et que leurs pères ne gagnent pas autant d'argent que vous, Caudle - quand ils les voient belles comme des tulipes ? Eh bien, ils doivent se considérer comme personne ; et se considérer comme personne - comptez-y, Caudle - n'est pas le moyen de faire en sorte que le monde pense quelque chose de vous.

"Que dites-vous?

« *Où ai-je récupéré ça* ?

« Où pensez-vous ? J'en sais bien plus que vous ne le pensez – oui ; même si vous ne m'en accordez pas le mérite. Les maris le font rarement. Cependant, les vingt livres que *j'aurai*, si j'en ai – ou pas un sou. Non, monsieur, non.

« *Je ne veux pas habiller les enfants comme des paons et des perroquets* !

les rendre respectables et… qu'en dites-vous ?

« *Vous donnerez quinze livres* ?

« Non, Caudle, non – je ne prendrai pas un centime à moins de vingt ans ; si je le faisais, il semblerait que je veuille gaspiller votre argent : et je suis sûr que, quand j'y pense, vingt livres ne suffiront pas. Pourtant, si vous m'en donnez vingt, non, cela ne sert à rien d'en offrir quinze et de vouloir vous endormir. Tu ne fermeras pas les yeux tant que tu ne m'en auras pas promis vingt. Viens, Caudle, mon amour ! - vingt, et ensuite tu pourras t'endormir. Vingt - vingt - vingt - "

« *Mon impression est*, écrit Caudle, *que je me suis endormi en me tenant fermement aux quinze ; mais le matin, Mme Caudle m'a assuré, en tant que femme d'honneur, qu'elle ne me laisserait pas cligner des yeux avant de lui avoir promis les vingt : et l'homme est fragile – et la femme est forte – elle avait l'argent*.

CONFÉRENCE XV - M. CAUDLE EST ENCORE RESTÉ TARD. MME. CAUDLE, D'ABORD BLESSÉ ET VIOLENT, FOND

« Peut-être, M. Caudle, me direz-vous où cela va se terminer ? Mais, Dieu sait, je n'ai pas besoin de demander *ça* . La fin est assez claire. Dehors - dehors - dehors ! Chaque nuit - chaque nuit ! Je suis sûr que les hommes qui ne peuvent pas rentrer à la maison à des heures raisonnables n'ont rien à voir avec leur femme : ils n'ont pas le droit de détruire d'autres personnes, s'ils choisissent d'aller eux-mêmes à la destruction. Ha, seigneur ! Oh cher! J'espère seulement qu'aucune de mes filles ne se mariera jamais - j'espère qu'elles ne seront jamais l'esclave qu'est leur pauvre mère : elles ne le feront pas, si je peux l'empêcher. Que dites-vous?

" *Rien* ?

« Eh bien, je ne m'en demande pas, M. Caudle ? tu devrais avoir honte de parler ; Je ne m'étonne pas que tu ne puisses pas ouvrir la bouche. Je suis seulement étonné qu'à de telles heures vous ayez la confiance nécessaire pour frapper à votre porte. Bien que je sois votre femme, je dois le dire, je m'étonne parfois de votre impudence. Que dites-vous?

" *Rien* ?

"Ha! vous êtes une créature aggravante, Caudle ; allongé là comme la momie d'un homme, et jamais même en ouvrant les lèvres à un. Comme si votre propre femme ne valait pas la peine de répondre ! Ce n'est pas le cas lorsque vous êtes absent, j'en suis sûr. Oh non! alors vous pourrez parler assez vite ; ici, on ne peut pas recevoir un mot de votre part. Mais vous traitez votre femme comme aucun autre homme – et vous le savez.

« Dehors – dehors tous les soirs ! Quoi?

« *Tu n'es pas sorti cette semaine auparavant ?*

« Cela n'a rien à voir du tout. Vous pourriez tout aussi bien sortir toute la semaine qu'une seule fois ! Et j'aimerais savoir ce qui pourrait vous empêcher d'entrer jusqu'à ces heures ?

" *Entreprise* ?

« Oh, oui, j'ose dire ! Une jolie affaire qu'un homme marié et père de famille doit faire dehors à une heure du matin. Quoi?

« *Je vais te rendre fou ?*

"Oh non; tu n'as pas assez de sentiments pour devenir fou - tu serais un homme meilleur, Caudle, si tu l'avais fait.

« *Vais-je t'écouter ?*

"Quel en est l'usage? Bien sûr, vous avez une histoire pour me rebuter – vous pouvez tous le faire et vous moquer de nous après.

« Non, Caudle, ne dis pas ça. Je n'essaie pas toujours de trouver des défauts - pas moi. C'est toi. Je ne parle jamais que quand j'en ai l'occasion ; et ce que j'ai enduré de mon temps, personne au monde ne le sait.

« *Vais-je entendre votre histoire ?*

« Oh, vous pouvez le dire s'il vous plaît ; continuez : attention, je n'en croirai pas un mot. Je ne suis pas aussi idiote que les autres femmes, je peux vous le dire.

"Voilà, maintenant - ne commence pas à jurer - mais continue -" -

« - Et c'est ça ton histoire, n'est-ce pas ? C'est votre excuse pour les heures que vous gardez ! Ce sont vos excuses pour avoir miné ma santé et ruiné votre famille ! Que pensez-vous que vos enfants diront de vous quand ils seront grands - en allant jeter votre argent chez une connaissance de poterie qui ne sert à rien ?

« *Ce n'est pas une connaissance du pot-house ?*

« Qui est-il alors ? Allons, tu ne me l'as pas dit ; mais je sais - c'est ce Prettyman ! Oui, bien sûr ! Sur ma vie ! Eh bien, si j'ai à peine la patience de m'allonger dans le lit ! Cela fait cinq ans que je veux une théière en argent, et tu dois y aller et jeter autant d'argent que... quoi ?

« *Vous ne l'avez pas jeté ?*

« N'est-ce pas ? Alors je ne m'appelle pas Margaret, c'est tout ce que je sais !

« Un homme est arrêté, et parce qu'il est enlevé à sa femme et à sa famille et qu'il est enfermé, il faut aller se déranger avec ça ! Et vous devez vous mêler à de méchants agents du shérif - pah ! Je suis sûr que vous n'êtes pas apte à entrer dans une maison décente - et à courir d'avocat en avocat pour obtenir une caution et régler l'affaire, comme vous l'appelez ! Vous en ferez un joli règlement – croyez-moi ! Oui - et pour arranger les choses, pour en finir complètement , il faut être de la caution ! Que tout homme qui n'est pas né idiot devrait faire une telle chose pour un autre ! Pensez-vous que quelqu'un ferait autant pour vous ?

" *Oui ?*

"Tu dis oui? Eh bien, je souhaite seulement - juste pour montrer que j'ai raison - j'aimerais seulement que vous soyez en état de les essayer . Je voudrais seulement vous voir arrêté. Vous trouveriez la différence — et vous le feriez.

« Quelles sont les affaires des autres pour toi ? Si vous étiez enfermé, comptez-y, personne ne s'approcherait de vous. Non; tout va très bien maintenant, quand les gens pensent que vous n'avez aucune chance d'avoir des ennuis - mais j'aimerais seulement voir ce qu'ils vous diraient si *vous* étiez dans une maison d'épongage. Oui, je devrais *en profiter* , juste pour te montrer que j'ai toujours raison. Que dites-vous?

« *Vous pensez mieux du monde ?*

"Ha! ce serait très bien si vous pouviez vous le permettre ; mais vous n'êtes pas en mesure, je le sais, de penser aussi bien aux gens que cela. Et bien sûr, ils ne font que se moquer de vous. « Caudle est un imbécile facile », crient-ils – je le sais aussi bien que si je les entendais – « Caudle est un imbécile facile ; n'importe qui peut le conduire. Oui, n'importe qui, sauf sa propre femme ; - et elle - bien sûr - n'est personne.

« Et maintenant, tous ceux qui sont arrêtés vous enverront bien sûr. Oui, M. Caudle, vous aurez les mains occupées maintenant, cela ne fait aucun doute. Vous connaîtrez bientôt toutes les maisons d'épongage et tous les agents du shérif de Londres. Votre entreprise devra prendre soin d'elle-même ; vous aurez assez à faire pour courir d'avocat en avocat après les affaires des autres. Maintenant, ça ne sert à rien de m'appeler une chère âme - pas du tout ! Non; et je ne le remettrai pas à demain. Ce n'est pas souvent que je parle, mais je *vais* parler maintenant.

« J'aurais aimé que Prettyman soit au fond de la mer avant – quoi ?

« *Ce n'est pas Prettyman ?*

« Ah ! c'est très bien à vous de le dire ; mais je sais que c'est le cas ; c'est comme lui. Il ressemble à un homme toujours endetté, toujours dans une maison d'éponge. N'importe qui pourrait le jurer. Je l'ai su dès la première fois que vous l'avez amené ici - dès la nuit même où il a mis ses vilaines bottes sales et mouillées sur mon garde-boue en acier brillant. N'importe quelle femme pouvait voir ce qu'était cet homme en une minute. Bel homme! c'est vraiment un joli gentleman, de voler votre femme et votre famille !

« Pourquoi ne pouvais-tu pas le laisser s'arrêter pendant l'épongage ? Maintenant, n'invoque pas le ciel de cette façon et demande-moi de me taire, car je ne le ferai pas. Pourquoi ne pouvais-tu pas le laisser s'arrêter là ? Il est entré; il aurait pu s'en sortir à nouveau. Et vous devez me garder éveillé, gâcher mon sommeil, ma santé et, ce qui vous importe, ma tranquillité d'esprit. Ha! tout le monde mais vous pouvez voir à quel point je m'effondre.

Vous pouvez faire tout cela pendant que vous discutez avec une bande d'huissiers bas ! Il faut beaucoup penser à ses enfants pour entrer dans un cabinet d'avocat.

« Et puis vous devez être libéré sous caution – vous devez être lié – pour M. Prettyman ! Vous pourriez dire, lié ! Oui, vous avez les mains bien liées, maintenant. Comme il se moque de vous - et vous sert bien ! Eh bien, dans une semaine, il sera aux Indes orientales ; bien sûr qu'il le fera ! Et tu devras payer ses dettes ; oui, vos enfants peuvent aller en haillons, de sorte que M. Prettyman - qu'en dites-vous ?

« *Ce n'est pas Prettyman ?*

"Je sais mieux. Eh bien, si ce n'est pas Prettyman qui t'a empêché d'entrer, - si ce n'est pas Prettyman pour qui tu es libéré sous caution - qui est-ce alors ? Je demande, qui est-ce alors ? Quoi?

" *Mon frère ? Frère Tom ?*

« Oh, Caudle ! cher Caudle ... »

« *C'en était trop pour la pauvre âme* », dit Caudle ; " *elle sanglotait comme si son cœur allait se briser , et je -* » et ici le MS. est effacé, comme si Caudle lui-même avait versé des larmes en écrivant.

CONFÉRENCE XVI - LE BÉBÉ DOIT ÊTRE BAPTISTE ; MME. CAUDLE ÉTUDE LES MÉRITES DES PARRAINS PROBABLES

« Allons, maintenant, mon amour, à propos du nom du bébé ? Cette chère chose a trois mois, et pas encore de nom sur son dos. Et c'est reparti! Parlons-en demain ! Non; nous en parlerons ce soir. Il n'est pas possible de te dire un mot pendant la journée - mais ici, tu ne peux pas me quitter. Maintenant, ne dites pas que vous souhaiteriez pouvoir le faire, Caudle ; c'est méchant, et ne pas traiter une femme - surtout la femme avec vous - comme elle le mérite. Ce n'est pas souvent que je parle mais je *crois* que vous aimeriez ne jamais entendre le son de ma voix. J'aurais aussi bien pu naître idiot !

« Je suppose que le bébé *doit* avoir un parrain ; et alors, Caudle, qui aurons-nous ? Selon vous, qui pourra faire le plus pour cela ? Non, Caudle, non ; Je ne suis pas une femme égoïste - rien de tout cela - mais j'espère avoir les sentiments d'une mère ; et à quoi sert un parrain s'il ne donne à l'enfant qu'un nom ? Un enfant pourrait tout aussi bien ne pas être baptisé du tout. Et alors, qui aurons-nous ? Que dites-vous?

" *N'importe qui* ?

« N'as-tu pas honte de toi, Caudle ? Ne penses-tu pas qu'il va t'arriver quelque chose, pour parler ainsi ? Je ne sais pas d'où vous tirez de tels principes. Je pense à qui parmi nos connaissances peut faire le plus pour la bienheureuse créature, et vous dites : « *N'importe qui* ! Caudle, tu es plutôt un païen.

« Voilà Wagstaff. Aucune chance qu'il se marie un jour et il aime beaucoup les bébés. Il a beaucoup d'argent, Caudle ; et je pense qu'il pourrait être attrapé. Les bébés, je le sais, les bébés sont son côté faible. Ne serait-ce pas une bénédiction de retrouver notre cher enfant dans son testament ? Pourquoi tu ne parles pas ? Je déclare, Caudle, que vous ne semblez pas vous soucier plus de l'enfant que s'il appartenait à un étranger . Les gens qui ne peuvent pas aimer les enfants plus que vous ne devraient jamais en avoir .

« *Tu n'aimes pas Wagstaff ?*

« Je n'en fais plus grand-chose ; mais qu'est-ce que ça a à voir avec ça ? Les gens qui doivent subvenir aux besoins de leur famille ne doivent pas penser à leurs sentiments. Je ne l'aime pas; mais ensuite je suis mère et j'aime mon bébé.

« *Tu n'auras pas Wagstaff et c'est plat ?*

« Ha, Caudle, tu n'es comme personne d'autre – tu n'es pas digne de ce monde, tu ne l'es pas.

« Que penses-tu de Pugsby ? Je ne peux pas supporter sa femme ; mais cela n'a rien à voir. Je connais mon devoir envers mon bébé : j'aimerais que les autres le fassent. Que dites-vous?

« Pugsby est un méchant garçon ?

"Ha! c'est comme toi - tu donnes toujours une mauvaise réputation aux gens. Nous ne devons pas toujours croire ce que dit le monde, Caudle ; cela ne nous convient pas, en tant que chrétiens, de le faire. Je sais seulement qu'il n'a ni poussin ni enfant ; et, en plus de cela, il s'intéresse beaucoup aux tuniques bleues ; et donc, si Pugsby ... Maintenant, ne vous envolez pas vers cet homme de cette manière. Caudle, tu devrais avoir honte de toi ! On ne peut parler en bien de personne. Où *penses* -tu aller ?

« Que dites-vous alors à Sniggins ? Maintenant, ne rebondissez pas de cette façon, en laissant l'air froid entrer dans le lit ! Quel est le problème avec Sniggins ?

« Tu ne lui demanderais une faveur pour rien au monde ?

« Eh bien, c'est une bonne chose que le bébé ait quelqu'un pour s'occuper de lui : *je* le ferai. Que dites-vous?

« Je ne le ferai pas ?

«Je le ferai, je peux vous le dire. Sniggins , en plus d'être un homme chaleureux, s'intéresse beaucoup aux douanes ; et il y a de belles choses là-bas, si seulement on suit le bon chemin pour les obtenir . Ça ne sert à rien, Caudle, que tu bouges - pas du tout. Je ne vais pas perdre mon bébé, le sacrifier, pourrais-je dire, comme ses frères et sœurs.

« Qu'est-ce que j'entends par sacrifié ?

« Oh, tu vois très bien ce que je veux dire. Qu'est-ce que l'un d'entre eux a reçu de leurs parrains, à part une tasse d'une demi-pinte, un couteau, une fourchette et une cuillère - et un manteau miteux, qui, je le sais, a été acheté d'occasion, car je pourrais presque jurer de cet endroit ? Et puis il y avait la femme de votre ami Hartley. Qu'a-t-elle donné à Caroline ? Eh bien, une casquette en dentelle trompeuse, ça m'a fait rougir à la vue. Quoi?

« C'était le mieux qu'elle pouvait s'offrir ?

« Alors elle n'avait pas le droit de défendre l'enfant. Les gens qui ne peuvent pas faire mieux que cela n'ont pas à assumer la responsabilité de marraine. Ils devraient mieux connaître leurs devoirs.

« Eh bien, Caudle, tu ne peux pas t'opposer à Goldman ?

« *Oui , c'est vrai* ?

« Y a-t-il déjà eu un tel homme ! Pourquoi?

« *C'est un usurier et un beau gosse* ?

« Eh bien, j'en suis sûr, vous n'avez rien à faire dans ce monde, Caudle ; vous avez des idées tellement élevées. Pourquoi, l'homme n'est-il pas aussi riche que la banque ? Et quant à son statut d'usurier, n'est-ce pas tant mieux pour ceux qui lui succéderont ? Je suis sûr que c'est bien qu'il y ait des gens dans le monde qui économisent de l'argent en voyant les créatures stupides qui le jettent. Mais tu es l'homme le plus étrange ! Je crois vraiment que vous considérez l'argent comme un péché, plutôt que comme la plus grande bénédiction ; car je ne peux mentionner aucune de nos connaissances qui soit riche - et je suis sûr que nous ne connaissons pas beaucoup de telles personnes - que vous n'avez rien à dire contre eux . Vous n'aimez que les mendiants, les gens qui n'ont pas un shilling pour se bénir. Ha! même si tu es mon mari, je dois le dire : tu es un homme aux idées basses, Caudle. J'espère seulement qu'aucun de ces chers garçons ne ressemblera à leur père !

« Et j'aimerais savoir quelle est l'objection à Goldman ? La seule chose qui lui est reprochée, c'est son nom ; Je dois l'avouer, je n'aime pas le nom de Lazare : il est bas et ne sonne pas distingué - pas du tout respectable. Mais une fois qu'il sera parti et aura fait ce qui est bon pour l'enfant, le garçon pourrait facilement glisser Lazare dans Laurence. On me dit que cela se fait souvent. Non, Caudle, ne dis pas ça — je ne suis pas une femme méchante — certainement pas ; bien au contraire. Je n'ai que l'amour d'un parent pour mes enfants ; et je dois le dire : j'aimerais que tout le monde ressente la même chose que moi.

« Je suppose que si la vérité était connue, vous aimeriez que votre ami pipe, votre compagnon de pot, Prettyman, défende l'enfant ?

« *Vous n'auriez pas d'objection* ?

"Je ne pensais pas! Oui; Je savais à quoi cela aboutissait. C'est un mendiant, c'est vrai ; et une personne qui reste dehors la moitié de la nuit ; oui, il le fait ; et ça ne sert à rien que vous le niiez - un mendiant et un buveur, et c'est l'homme que vous feriez le parrain de votre chair et de votre sang ! Ma parole, Caudle, c'est assez pour qu'une femme se lève et s'habille pour vous entendre parler.

" Eh bien, je peux difficilement vous dire que si vous n'avez pas Wagstaff, ou Pugsby , ou Sniggins , ou Goldman, ou quelqu'un de respectable, pour faire ce qui est approprié, l'enfant ne sera pas du tout baptisé. Quant à Prettyman, ou à tout autre groupe du même genre, non, jamais ! Je suis sûr qu'il y a un certain groupe de personnes dont la pauvreté s'attaque, et Prettyman en fait partie . Maintenant, Caudle, je ne veux pas que mon cher enfant soit perdu par aucune de vos connaissances crachoir, je peux vous le dire.

"Non; à moins que je puisse obtenir ce que *je* veux, l'enfant ne sera pas du tout baptisé. Que dites-vous?

« *Ça doit avoir un nom* ?

« Il n'y a aucun « devoir » dans cette affaire – aucun. Non, il n'aura pas de nom ; et ensuite nous verrons ce que le monde dira. Je l'appellerai Numéro Six – oui, cela fera aussi bien l'affaire que n'importe quoi d'autre, à moins d'avoir le parrain qui me plaît. Caudle numéro six ! Ha! Ha! Je pense que cela doit vous faire honte, si possible. Numéro Six Caudle – un nom bien meilleur que celui que M. Prettyman pourrait donner ; oui, numéro six. Que dites-vous?

« *Tout sauf le numéro sept* ?

"Oh, Caudle, si jamais …"

« *A ce moment* , écrit Caudle, *le petit Numéro Six se mit à pleurer ; et profitant de cet heureux accident, j'ai réussi à m'endormir* .

CONFÉRENCE XVII –
CAUDLE AU COURS DE LA JOURNÉE S'EST RISQUÉ À QUESTIONNER L'ÉCONOMIE DU « LAVAGE À LA MAISON ».

"Caca! Vous vous couchez avec un joli caractère, M. Caudle, je le vois ! Oh, ne le nie pas, je pense que je devrais le savoir à ce moment-là. Mais c'est toujours ainsi ; chaque fois que je soulève quelques affaires, la maison peut à peine te retenir ! Personne ne se plaint plus que vous du linge propre - et personne ne mène une vie aussi misérable à une pauvre femme lorsqu'elle essaie de mettre son mari à l'aise. Oui, M. Caudle - confortable ! Vous n'avez pas besoin de continuer à mâcher le mot, comme si vous ne pouviez pas l'avaler.

« *Y a-t-il jamais eu une telle femme ?*

« Non, Caudle ; Je n'espère pas : j'espère qu'aucune autre épouse n'a jamais été abusée comme moi ! Tout va très bien pour toi. Je ne peux pas faire un peu de lessive à la maison comme tout le monde, mais vous devez vous promener dans la maison en vous jurant et en regardant votre femme comme si elle était votre ennemie la plus acharnée. Mais je suppose que tu préférerais qu'on ne se lave pas du tout. Oui; alors tu serais heureux! Bien sûr, vous voudriez - vous aimeriez avoir tous les enfants dans leur saleté, comme des pommes de terre : n'importe quoi, pour que cela ne vous dérange pas. J'aurais aimé que tu aies une femme qui ne se lavait jamais - *elle* t'aurait convenu, elle le ferait. Oui; une brave dame qui aurait laissé partir vos enfants pour que vous puissiez les écorcher . Elle aurait été bien mieux soignée que moi. J'aimerais seulement pouvoir vous laisser tous partir sans linge propre - oui, vous tous. J'aimerais pouvoir! Et si je n'étais pas l'esclave de ma famille, contrairement à n'importe qui d'autre, je le devrais.

« Non, M. Caudle ; la maison n'est pas ballottée dans l'eau comme si c'était l'arche de Noé. Et vous devriez avoir honte de parler de l'arche de Noé de manière aussi vague. Je suis sûr que je ne sais pas ce que j'ai fait pour être mariée à un homme ayant de tels principes. Non : et toute la maison *n'a pas* non plus le goût de la mousse de savon ; et si c'était le cas, tout autre homme que vous hésiterait à le nommer. Je suppose que je n'aime pas plus que toi les jours de lessive. Que dites-vous?

" *Oui* je *le fais* ?

"Ha! vous vous trompez, M. Caudle. Non; Je n'aime pas ça parce que cela met tout le monde mal à l'aise. Non; et je n'aurais pas dû naître sirène pour pouvoir toujours être dans l'eau. Une sirène, en effet ! Comment m'appelleras-tu ensuite ? Mais aucun homme, M. Caudle, ne dit de telles choses à sa femme que vous. Cependant, comme je l'ai déjà dit, cela ne peut pas durer longtemps, c'est un réconfort. Que dites-vous?

« Tu en es content ?

« Vous êtes une brute, M. Caudle ! Non, tu *ne voulais pas* dire laver : je sais ce que tu veux dire. Un joli discours à une femme qui a été votre épouse ! Tu t'en repentiras quand il sera trop tard : oui, je n'aurais pas tes sentiments quand je serai parti, Caudle ; non, pas pour la Banque d'Angleterre.

« Et quand on ne se lave qu'une fois tous les quinze jours ! Ha! J'aimerais seulement que tu aies des femmes, elles se laveraient une fois par semaine ! D'ailleurs, si une fois par quinzaine, c'est trop pour toi, pourquoi ne me donnes-tu pas de l'argent pour que nous puissions faire des choses pendant un mois ? Est-ce *ma* faute si nous sommes à court ? Que dites-vous?

« Mon « une fois par quinzaine » dure trois jours ?

« Non, ce n'est pas le cas ; jamais; enfin, très rarement, et c'est la même chose. Puis-je m'en empêcher, si les noirs volent et que les choses doivent être rincées à nouveau ? Ne dites pas cela ; Les noirs ne me rendent *pas heureux, et ils ne* prolongent pas ma jouissance ; et, plus que cela, vous êtes un homme insensible pour dire cela. Tu es suffisant pour qu'une femme se souhaite dans sa tombe - tu l'es, Caudle.

« Et un joli exemple que vous donnez à vos fils ! Parce que nous avons fait un peu de lessive aujourd'hui, et qu'il n'y a pas eu de dîner chaud — et qui pense à préparer quelque chose de chaud pour les blanchisseuses ? - parce que tu n'avais pas tout comme tu l'as toujours, tu dois jurer sur le mouton froid - et tu ne sais pas combien coûte ce mouton par livre, j'ose dire - tu dois jurer sur un rôti sucré et sain comme un seigneur . Quoi?

« Tu n'as pas juré ?

"Oui; c'est très bien à vous de le dire ; mais je sais quand tu jures ; et tu jures quand tu y penses peu ; et je dis que vous devez continuer à jurer comme vous l'avez fait, et saisir votre chapeau comme un sauvage, et vous précipiter hors de la maison, et aller dîner dans une taverne ! Les gens doivent penser que vous avez une jolie femme quand ils vous trouvent en train de dîner dans un cabaret. Ils doivent penser que vous avez une belle maison, M. Caudle ! Quoi?

« Tu le feras à chaque fois que je me laverai ?

« Très bien, M. Caudle, très bien. Nous verrons bientôt qui en a marre de ça, d'abord ; car je laverai un bas par jour, si c'est tout, avant que tu n'aies tout comme tu veux. Ha! ça te ressemble tellement : tu piétinerais tout le monde, si tu le pouvais – tu sais que tu le ferais, Caudle, alors ne le nie pas.

« Maintenant, si vous commencez à crier de cette manière, je quitterai le lit. C'est très dur de ne pas pouvoir te dire un seul mot, mais tu dois presque relever la place.

« *Tu n'as pas crié* ?

« Je ne sais pas ce qu'on appelle crier, alors ! Je suis sûr que les gens doivent vous entendre dans la maison voisine. Non - ça ne sert à rien de me traiter de noms doux, maintenant, Caudle : je ne suis pas aussi idiot que j'étais quand je me suis marié pour la première fois - je sais mieux maintenant. Vous devez me traiter comme vous l'avez fait, toute la journée ; et puis la nuit, le seul moment et endroit où je peux passer un mot, tu veux aller dormir. Comment peux-tu être si méchant, Caudle ?

"Quoi?

« *Pourquoi je ne peux pas éteindre le linge* ?

« Maintenant, tu as demandé cela mille fois, mais cela ne sert à rien, Caudle ; alors ne le demandez plus. Je ne le publierai pas. Que dites-vous?

« *Mme Prettyman dit que c'est tout aussi bon marché* ?

« Je vous prie, qu'est-ce que Mme Prettyman pour moi ? Je devrais penser, M. Caudle, que je sais très bien comment prendre soin de ma famille sans les conseils de Mme Prettyman. Mme Prettyman, en effet ! J'aimerais seulement qu'elle vienne ici, pour que je puisse le lui dire ! Mme Prettyman ! Mais peut-être qu'elle ferait mieux de venir s'occuper de votre maison à votre place ! Oh oui! Je suis convaincu qu'elle le ferait bien mieux que moi – *beaucoup* . Non, Caudle ! *Je ne tiendrai pas ma langue* . Je pense que je devrais être maîtresse de ma lessive à ce moment-là – et après la femme que j'ai été avec toi, c'est cruel de ta part de continuer comme tu le fais.

« Ne me parle pas d'éteindre le linge. Je dis que ce n'est pas si bon marché - peu m'importe que vous lavez à la douzaine ou pas - ce n'est pas si bon marché ; J'ai tout réduit et j'économise au moins un shilling par semaine. Que dites-vous?

« *Un shilling trompeur* ?

"Ha! J'espère seulement que vous n'aurez pas besoin de parler de shillings comme vous le faites. Maintenant, ne commencez pas par parler de votre confort : ne continuez pas à m'énerver et à me demander si votre confort ne vaut pas un shilling par semaine ? Cela n'a rien à voir du tout - rien : mais c'est votre manière - quand je parle d'une chose, vous parlez d'une autre ; cela vous ressemble tellement, les hommes, et vous le savez. Permettez-moi de vous dire, M. Caudle, qu'un shilling par semaine équivaut à deux livres douze par an ; et prenez deux livres douze par an pendant, disons, trente ans, et - eh bien, vous n'avez pas besoin de gémir, M. Caudle - je ne pense pas que ce sera si long ; oh non! vous aurez quelqu'un d'autre pour s'occuper de votre lessive bien avant cela - et si ce n'était pas pour le bien de mes chers enfants, je m'en fiche de savoir dans combien de temps. Vous connaissez mon avis… alors, bonsoir, M. Caudle.

« *Reconnaissant pour son silence* », écrit Caudle, « *je m'endormais rapidement ; quand , me donnant un coup de coude , ma femme observa : « Attention , il y a le mouton froid demain — rien de chaud jusqu'à ce qu'il soit parti. N'oubliez pas non plus que* , comme *la lessive a été courte aujourd'hui , nous nous lavons à nouveau mercredi .*

CONFÉRENCE XVIII - CAUDLE, ALORS QUE MARCHANT AVEC SA FEMME, A ÉTÉ S'incliné PAR UNE FEMME PLUS JEUNE ET ENCORE PLUS JOLIE QUE MME. CAUDLE

« Si je ne veux pas quitter la maison sans être insulté, M. Caudle, je ferais mieux de rester à l'intérieur toute ma vie.

"Quoi! Ne me dis pas de te laisser *une* nuit de repos ! Je m'étonne de votre impudence ! C'est très bien, je ne pourrai jamais sortir avec toi et - Dieu sait ! - c'est rarement suffisant sans que mes sentiments soient mis en pièces par des gens de toutes sortes. Un ensemble de minx audacieux!

« *De quoi est-ce que je m'extasie* ?

« Oh, vous le savez très bien – très bien, en effet, M. Caudle. Elle doit être une jolie personne pour faire un clin d'œil à un homme marchant avec sa propre femme ! Ne me dites pas que c'est Miss Prettyman - qu'est-ce que Miss Prettyman pour moi ? Oh!

« *Vous l'avez rencontrée une ou deux fois chez son frère* ?

"Oui, j'ose dire que oui, cela ne fait aucun doute. J'ai toujours pensé qu'il y avait quelque chose de très tentant dans cette maison - et maintenant je sais tout. Maintenant, cela ne sert à rien, M. Caudle, de commencer à parler fort, à tordre et à agiter vos bras comme si vous étiez aussi innocent qu'un bébé né - je ne dois pas me laisser tromper par de telles astuces maintenant. Non; il fut un temps où j'étais un imbécile et je croyais n'importe quoi ; mais - je remercie mes étoiles ! - J'en ai fini avec ça.

« Une coquine audacieuse ! Vous supposez que je ne l'ai pas vue rire non plus lorsqu'elle vous a fait un signe de tête ! Oh oui, je savais ce qu'elle pensait de moi : une pauvre créature misérable, bien sûr. Je pouvais voir ça. Non, ne le dis pas, Caudle. Je *ne* vois pas toujours plus que quiconque – mais je ne peux pas et ne serai pas aveugle, aussi agréable que cela puisse vous être ; Je dois utiliser mes sens. Je suis sûr que si une femme veut l'attention et le respect d'un homme, elle ferait mieux d'être n'importe quoi que sa femme. Je l'ai toujours pensé ; et aujourd'hui c'est décidé.

"Non; Je n'ai pas honte de parler ainsi – certainement pas.

« C'est vraiment *une bonne* et *aimable jeune créature* !

"Oui; J'ose dire; très aimable, sans aucun doute. Bien sûr, vous le pensez. Vous supposez que je n'ai pas vu quel genre de bonnet elle portait ? Oh, une très bonne créature ! Et tu penses que je n'ai pas vu les traces de plâtre judiciaire sur son visage ?

« *Vous ne les avez pas vus* ?

"Très probable; mais je l'ai fait. Très aimable, bien sûr ! Que dites-vous?

« *Je l'ai fait rougir de mes mauvaises manières* ?

« J'aurais aimé la voir rougir ! « Il aurait été assez difficile, M. Caudle, de rougir à travers toute cette peinture. Non, je ne suis pas une femme censurée, M. Caudle ; bien au contraire. Non; et vous pouvez menacer de vous lever, si vous le souhaitez, je parlerai. Je sais de quelle couleur est la couleur, et je dis que c'était *de* la peinture. Je crois, M. Caudle, *que j'ai* eu autrefois un teint - même si bien sûr vous l'avez complètement oublié : je pense que j'ai eu une couleur autrefois - avant que votre conduite ne la détruise. Avant de te connaître, les gens m'appelaient Lily et Rose ; mais... de quoi riez-vous ? Je ne vois pas de quoi rire. Mais comme je l'ai dit, n'importe qui avant votre propre femme.

« Et je ne peux pas sortir avec toi mais tu es salué par toutes les femmes que tu rencontres !

« *Qu'est-ce que je veux dire par chaque femme , alors qu'il ne s'agit que de Miss Prettyman* ?

« Cela n'a rien à voir du tout. Comment puis-je savoir qui s'incline devant toi quand je ne suis pas là ? Tout le monde bien sûr. Et s'ils ne vous regardent pas, pourquoi les regardez-vous ? Oh! Je suis sûr que vous faites. Tu le fais même quand je sors avec toi, et bien sûr tu le fais quand je suis absent. Ne me le dis pas, Caudle, ne le nie pas. Le fait est que c'est devenu une habitude tellement épouvantable chez vous que vous ne savez pas quand vous le faites et quand vous ne le faites pas. Mais je fais.

« Miss Prettyman, en effet ! Que dites-vous?

« *Vous ne voulez pas rester immobile et m'entendre scandaliser cette excellente jeune femme* ?

« Oh, bien sûr, vous prendrez son parti ! Même si, bien sûr, elle n'est peut-être pas vraiment à blâmer après tout. Car comment peut-elle savoir que vous êtes marié ? On ne vous voit jamais dehors avec votre propre femme – jamais. Où que vous alliez, vous y allez seul. Bien sûr, les gens pensent que tu es célibataire. Que dites-vous?

« *Tu sais bien que tu ne l'es pas* ?

« Cela n'a rien à voir avec ça. Je demande seulement : que doivent penser les gens, alors qu'on ne me voit jamais avec vous ? D'autres femmes sortent avec leur mari : mais, comme je l'ai souvent dit, je ne suis pas comme les autres femmes. De quoi vous moquez-vous, M. Caudle ?

« *Comment puis-je savoir que tu ricanes ?*

« Ne me dites pas : je le sais bien, au mouvement de l'oreiller.

"Non; tu ne me fais jamais sortir - et tu le sais. Non; et ce n'est pas ma faute. Comment peux-tu rester là et dire ça ? Oh, c'est une mauvaise excuse ! C'est ce que tu dis toujours. En effet, vous en avez assez de me demander parce que je lance toujours des objections ? Bien sûr, je ne peux pas donner de chiffre. Et quand vous me demandez d' y aller, vous savez très bien que mon bonnet n'est pas comme il devrait être - ou que ma robe n'est pas rentrée à la maison - ou que je ne peux pas laisser les enfants - ou que quelque chose me retient à l'intérieur. Vous savez tout cela assez bien avant de me le demander. Et c'est votre art. Et quand je *sors* avec toi, je suis sûr d'en souffrir. Oui, vous n'avez pas besoin de répéter mes paroles. *Souffrez-en* . Mais tu supposes que je n'ai aucun sentiment : oh non, personne n'a de sentiments à part toi. Oui; J'avais oublié : Miss Prettyman, peut-être – oui, elle peut avoir des sentiments, bien sûr.

« Et comme je l'ai dit, j'ose dire que les gens me pensent assez dupe. Être sûr; une pauvre créature abandonnée que je dois regarder dans les yeux de tout le monde. Mais je savais que tu ne pouvais pas être chez M. Prettyman soir après soir jusqu'à onze heures - et tu pensais beaucoup à moi qui veillerais pour toi - je savais que tu ne pouvais pas être là sans raison. Et maintenant je l'ai découvert ! Oh, cela ne me dérange pas que vous juriez, M. Caudle ! C'est moi, si je n'étais pas une femme, qui devrais jurer. Mais c'est comme vous les hommes. Seigneurs de la création, comme vous vous appelez ! Seigneurs, en effet ! Et vous faites de jolis esclaves des pauvres créatures qui vous sont attachées. Mais je serai séparé, Caudle ; Je vais; et ensuite je ferai attention et je ferai savoir au monde entier comment vous m'avez utilisé. Que dites-vous?

« *Je peux dire mon pire ?*

"Ha! ne tentez aucune femme de cette façon – non, Caudle ; car je ne répondrais pas de ce que j'ai dit.

« Miss Prettyman, en effet, et… oh oui ! Maintenant, je vois! Maintenant, toute la lumière m'éclaire ! Maintenant, je sais pourquoi vous vouliez que je l'invite à prendre le thé avec M. et Mme Prettyman ! Et moi, comme un pauvre imbécile aveugle, j'étais sur le point de le faire. Mais maintenant, comme je le dis, mes yeux sont ouverts ! Et vous l'auriez amenée sous mon propre toit – maintenant, cela ne sert à rien de vous balancer ainsi – vous l'auriez amenée dans la maison même, où … »

« *Ici* , dit Caudle, *je ne pouvais plus le supporter. Alors j'ai sauté du lit* et *je suis allé dormir d'une manière ou d'une autre avec les enfants* .

CONFÉRENCE XIX -
MME. CAUDLE PENSE "QUE CELA SERAIT BIEN DE GARDER LEUR JOUR DE MARIAGE".

« Caudle, mon amour, sais-tu ce que sera dimanche prochain ?

" *Non* ! *tu ne le fais pas* ?

« Eh bien, y a-t-il déjà eu un homme aussi étrange ! Tu ne peux pas deviner, chérie ? Dimanche prochain, chérie ? Réfléchis, mon amour, une minute – réfléchis juste.

" *Quoi* ! *et tu ne sais pas maintenant* ?

"Ha! si je n'avais pas une meilleure mémoire que toi, je ne sais pas comment nous nous en sortirions un jour. Alors, mon animal, dois-je te dire ce que sera dimanche prochain ? Pourquoi, alors, c'est le jour de notre mariage. Pourquoi gémissez-vous, M. Caudle ? Je ne vois pas de quoi se plaindre. Si quelqu'un doit gémir, je suis sûr que ce n'est pas vous. Non : je pense plutôt que c'est moi qui devrais gémir !

"Oh cher! C'était il y a quatorze ans. Vous étiez alors un homme très différent, M. Caudle. Que dites-vous - ?

« *Et j'étais une femme très différente* ?

« Pas du tout, quand même. Oh, tu n'as pas besoin de rouler ainsi la tête sur l'oreiller : je dis, quand même. Eh bien, si je suis transformé, à qui la faute ? Pas le mien, j'en suis sûr – certainement pas. Ne me dites pas que je ne pouvais pas parler du tout à l'époque – je pouvais parler aussi bien à l'époque qu'aujourd'hui ; seulement alors je n'avais pas la même cause. C'est toi qui m'as fait parler. Que dites-vous?

« *Vous en êtes vraiment désolé* ?

« Caudle, tu ne fais que m'insulter.

"Ha! tu étais une créature gentille et de bonne humeur il y a quatorze ans, et tu aurais fait n'importe quoi pour moi. Oui, oui, si l'on voulait toujours prendre soin d'une femme, elle ne devrait jamais se marier. C'est fini le charme quand elle va à l'église ! Nous sommes tous des anges pendant que vous nous faites la cour ; mais une fois mariés, comme tu nous arraches les ailes ! Non, M. Caudle, je ne dis pas de bêtises ; mais la vérité est que vous n'aimez entendre personne parler à part vous-même. Personne ne m'a jamais dit que je dis des bêtises à part toi. Maintenant, ça ne sert à rien de vous retourner et de vous retourner de cette façon, ce n'est pas un peu - qu'en dites-vous ?

« *Tu vas te lever* ?

« Non, vous ne le ferez pas, M. Caudle ; tu ne me serviras plus ce tour-là ; car j'ai verrouillé la porte et caché la clé. On ne peut pas te joindre toute la journée - mais ici tu ne peux pas me quitter. Vous n'avez plus besoin de gémir, M. Caudle.

« Maintenant, Caudle, ma chérie, parlons confortablement. Après tout, mon amour, il y a bien des gens qui, j'ose le dire, ne s'entendent pas aussi bien que nous. Nous avons peut-être tous les deux notre petit caractère ; mais vous *aggravez* ; tu dois le posséder, Caudle. Bref, oublie ça; nous n'en parlerons pas ; Je ne vais pas te gronder maintenant. On parlera de dimanche prochain, mon amour. Nous n'avons jamais célébré le jour de notre mariage et je pense que ce serait un jour agréable pour retrouver nos amis. Que dites-vous?

« *Ils penseraient que c'est de l'hypocrisie* ?

« Aucune hypocrisie du tout. Je suis sûr que j'essaie d'être à l'aise ; et si jamais un homme a été heureux, vous devriez l'être. Non, Caudle, non ; ce n'est pas une absurdité de respecter les jours de mariage ; ce n'est pas une tromperie sur le monde ; et si c'est le cas, combien de personnes le font ! Je suis sûr que ce n'est qu'un compliment approprié qu'un homme doit à sa femme. Regardez les Winkles : n'offrent-ils pas un dîner chaque année ? Eh bien, je sais, et s'ils se battent un peu au cours de l'année, cela n'a rien à voir. Ils célèbrent leur jour de mariage et leurs relations n'ont rien à voir avec autre chose.

« Comme je l'ai dit, Caudle, ce n'est qu'un compliment convenable qu'un homme doit à sa femme pour célébrer le jour de son mariage. C'est comme dire au monde entier : « Voilà ! si je devais me remarier, ma bienheureuse épouse est la seule femme que je choisirais ! Bien! Je ne vois aucune raison de gémir, M. Caudle — non, ni de soupirer non plus ; mais je sais ce que tu veux dire : j'en suis sûr, que serais-tu arrivé si tu ne t'étais pas marié comme tu l'as fait - eh bien, tu aurais été une créature perdue ! Je sais cela; Je connais tes habitudes, Caudle ; et... je n'aime pas le dire, mais tu n'aurais guère été mieux qu'un vagabond. Tu aurais eu de belles ennuis, je sais, si tu ne m'avais pas eu pour femme. La peine que j'ai eu à vous garder respectable - et quels sont mes remerciements ? Ha! J'aurais seulement aimé que tu aies des femmes !

« Mais nous ne nous disputerons pas, Caudle. Non; tu ne veux rien dire, je sais. Nous aurons ce petit dîner, hein ? Juste quelques amis ? Maintenant, ne dites pas que vous ne vous en souciez pas – ce n'est pas la façon de parler à une femme ; et surtout l'épouse que j'ai été pour toi, Caudle. Eh bien, tu es d'accord pour le dîner, hein ? Maintenant, ne grognez pas, M. Caudle, mais parlez franchement. Vous garderez le jour de votre mariage ? Quoi?

« *Si je te laisse dormir ?*

"Ha! ce n'est pas viril, Caudle. Ne pouvez-vous pas dire « Oui » sans rien d'autre ? Je dis - tu ne peux pas dire « Oui » ? Là, soyez bénis ! Je savais que tu le ferais.

« Et maintenant, Caudle, qu'allons-nous manger pour le dîner ? Non, nous n'en parlerons pas demain ; nous en parlerons maintenant, et ensuite j'y penserai plus. J'aimerais quelque chose de particulier - quelque chose d'écart - juste pour montrer que nous avons pensé ce jour quelque chose. Je voudrais... M. Caudle, vous ne dormez pas ?

" *Ce que je veux ?*

"Eh bien, tu sais que je veux me contenter du dîner.

« *J'ai ce que j'aime ?*

« Non : comme vous avez envie de célébrer le jour, il est normal que j'essaie de vous plaire. Nous n'en avons jamais eu, Caudle ; alors que pensez-vous d'un cuissot de chevreuil ? Que dites-vous?

« *Le mouton fera l'affaire ?*

"Ha! cela montre ce que vous pensez de votre femme : j'ose dire que si c'était avec l'un de vos amis du club - l'un de vos compagnons de poterie - vous n'auriez aucune objection à la venaison. Je dis si... que marmonnes-tu ?

« *Que ce soit du gibier ?*

"Très bien. Et maintenant, à propos du poisson ? Que pensez-vous d'un bon turbot ? Non, M. Caudle, la barbue ne fera pas l'affaire : ce sera du turbot, ou il n'y aura pas de poisson du tout. Oh, quel homme méchant tu es, Caudle ! C'est du turbot ?

" *Cela devrait ?*

"Très bien. Et maintenant, à propos de la soupe — maintenant, Caudle, ne jure pas sur la soupe de cette manière ; tu sais qu'il doit y avoir de la soupe. Eh bien, une fois, et juste pour montrer à nos amis à quel point nous avons été heureux, nous aurons une vraie tortue.

« *Non, tu ne le feras pas, tu n'auras qu'à te moquer ?*

« Alors, M. Caudle, vous pouvez vous asseoir seul à table. Fausse tortue le jour d'un mariage ! Y a-t-il déjà eu une telle insulte ? Que dites-vous?

« *Que ce soit réel, alors, pour une fois ?*

« Ha, Caudle ! Comme je l'ai dit, vous étiez une personne très différente il y a quatorze ans. Et, Caudle, tu t'occuperas de la venaison ? Il y a un endroit que je connais, quelque part dans la ville , où on trouve du beau ! Vous y regarderez ?

" *Vous serez* ?

"Très bien.

« Et maintenant, qui allons-nous inviter ?

« *Qui j'aime* ?

« Maintenant, tu sais, Caudle, c'est un non-sens ; parce que je n'aime que celui que tu aimes. Je suppose que les Prettyman doivent venir ? Mais comprenez, Caudle, je n'ai pas Miss Prettyman : je ne vais pas voir ma tranquillité d'esprit détruite sous mon propre toit ! si elle vient, je ne me présente pas à table. Que dites-vous?

" *Très bien* ?

« Très bien, alors.

« Et maintenant, Caudle, tu n'oublieras pas le gibier ? En ville, ma chère ? Vous n'oublierez pas le gibier ? Une hanche, vous savez ; un joli cuissard. Et vous n'oublierez pas le chevreuil - ? »

« *Trois fois je me suis endormi* , dit Caudle, *et trois fois ma femme m'a donné un coup de coude en s'écriant : « Vous n'oublierez pas le gibier ? Finalement , je me suis endormi profondément et j'ai rêvé que j'étais un pot de gelée de groseilles .*

CONFÉRENCE XX -
LE « FRÈRE » CAUDLE A ÉTÉ À UN DÎNER DE CHARITÉ MAÇONNIQUE. MME. CAUDLE A CACHÉ LE CHÈQUE DU « FRÈRE »

« Mais tout ce que je dis, c'est ceci : j'aurais seulement aimé naître homme. Que dites-vous?

« Tu aurais aimé l'avoir ?

"M. Caudle, je ne vais pas rester tranquille dans mon propre lit pour me faire insulter. Oh, oui, tu *voulais* m'insulter. Je vois ce que tu veux dire. Tu veux dire, si j'étais *né* homme, tu ne m'aurais jamais épousé. C'est un joli sentiment, je pense ; et après la femme que j'ai été avec toi. Et maintenant, je suppose que vous irez à des dîners publics tous les jours ! Cela ne sert à rien que vous me disiez que vous n'y êtes allé qu'à un seul auparavant ; ça n'a rien à voir avec ça - rien du tout. Bien sûr, tu sortiras tous les soirs désormais. Je savais ce que cela donnerait lorsque vous deviendriez maçon : une fois que vous seriez devenu « frère », comme vous vous appelez, je savais où seraient le mari et le père ; - J'en suis sûr, Caudle, et bien que je sois ta propre femme, j'ai le chagrin de le dire - Je suis sûr que tu n'as pas tellement de cœur que tu en as à revendre pour les gens du dehors. En effet, j'aimerais voir l'homme qui l'a fait ! Non, non, Caudle ; Je ne suis en aucun cas une femme égoïste, bien au contraire ; J'aime mes semblables comme une épouse et une mère de famille qui n'a qu'à penser à son mari et à ses enfants doit les aimer .

« Un « frère », en effet ! Que diriez-vous si je devais devenir « sœur » ? Eh bien, je sais très bien que la maison ne te retiendra pas.

« Où est ta montre ?

« Comment puis-je savoir où est ta montre ? Tu devrais le savoir. Mais il est vrai que les gens qui vont aux dîners publics ne savent jamais où se trouve quelque chose lorsqu'ils rentrent chez eux. Vous l'avez perdu, sans doute ; et cela vous sera très utile si c'est le cas. S'il devait disparaître - et ce n'est pas plus probable - je me demande si l'un de vos « frères » vous en donnera un autre ? Attrapez- les en train de le faire.

« Vous devez retrouver votre montre ? Et tu te lèveras pour ça ?

"Absurdité! - ne sois pas stupide - reste tranquille. Votre montre est sur la cheminée. Ha! n'est-ce pas une bonne chose pour toi, tu as quelqu'un pour s'en occuper ?

"Que dites-vous?

« Je suis une chère créature ?

« Très chéri, en effet, vous me pensez, j'ose dire. Mais le fait est que vous ne savez pas de quoi vous parlez ce soir. Je suis idiot de t'ouvrir les lèvres - mais je n'y peux rien.

« Où est ta montre ?

« Ne vous l'ai-je pas dit sur la cheminée ?

« Très bien, en effet !

« Vous considérez que c'est une jolie conduite, les hommes. Voilà maintenant, retenez votre langue, M. Caudle, et allez dormir : je suis sûr que c'est la meilleure chose que vous puissiez faire ce soir. Vous pourrez entendre raison demain matin ; maintenant, cela vous est jeté.

« Où est ton chéquier ?

« Peu importe votre carnet de chèques. J'ai pris soin de ça.

« Pourquoi avais-je à le sortir de votre poche ?

« Chaque entreprise. Non non. Si vous choisissez d'aller à des dîners publics, eh bien, comme je ne suis que votre femme, je n'y peux rien. Mais je sais de quels imbéciles les hommes sont faits là-bas ; et si je le sais, tu ne prendras plus jamais ton chéquier avec toi. Quoi? N'ai-je pas vu votre nom inscrit l'année dernière pour dix livres ? «Job Caudle, Esq., 10 £.» Cela paraissait très bien dans les journaux, bien sûr : et on se prenait pour quelqu'un quand on frappait sur les tables des tavernes ; mais j'aurais seulement aimé être là - oui, j'aurais seulement aimé être dans la galerie. Si je n'avais pas dit ce que je pensais, je ne serais pas en vie. Dix livres en effet ! et le monde vous considère comme une très bonne personne pour cela. J'aimerais seulement pouvoir amener le monde ici et leur montrer ce qu'on veut à la maison. Je pense que le monde changerait alors d'avis ; Oui un peu.

"Que dites-vous?

« Une femme n'a pas le droit de faire les poches de son mari ?

« Tu es un joli mari, pour parler ainsi ! Qu'à cela ne tienne : vous ne pouvez pas la poursuivre en justice pour cela – ou je n'ai aucun doute que vous le feriez ; pas du tout. Certains hommes feraient n'importe quoi. Quoi?

« Tu as un peu mal à la tête ?

«J'espère que c'est le cas – et une bonne partie aussi. Vous êtes au bon endroit pour cela. Non, je ne tiendrai pas ma langue. C'est très bien pour vous, hommes, d'aller dans les tavernes - et de discuter - et de porter un toast - et hourra - et - je me demande si vous n'avez pas tous honte de boire à la santé de la reine avec tous les honneurs , je crois, comme vous l'appelez - oui, de jolis honneurs que vous payez au sexe – dis-je, je m'étonne que vous n'ayez pas honte de boire à la santé de cette créature bénie, quand vous n'avez qu'à penser à la manière dont vous utilisez vos propres femmes à la maison. Mais les hypocrites que sont les hommes – oh !

« *Où est ta montre ?*

« Ne te l'ai-je pas dit ? C'est sous votre oreiller - là, vous n'avez pas besoin de le ressentir. Je te dis que c'est sous ton oreiller.

" *C'est bon ?*

"Oui; vous savez beaucoup de choses sur ce qui se passe en ce moment ! Ha! y a-t-il jamais eu une pauvre âme utilisée comme moi !

« *Je suis une chère créature ?*

« Pah ! M. Caudle! Je dois seulement dire que je suis fatigué de votre conduite – très fatigué, et je m'en fiche de la rapidité avec laquelle cela finira.

« *Pourquoi ai-je pris votre chéquier ?*

« Je vous l'ai dit : pour vous sauver de la ruine, M. Caudle.

« *Tu ne vas pas être ruiné ?*

"Ha! tu ne sais rien quand tu es dehors ! Je sais ce qu'ils font lors de ces dîners publics – des œuvres caritatives, comme ils les appellent ; jolies œuvres de charité ! La vraie Charité, je crois, dîne toujours à la maison. Je sais ce qu'ils font : tout le système est un leurre. Non : *je ne suis pas un être au cœur de pierre* : et tu devrais avoir honte de le dire de ta femme et de la mère de tes enfants, - mais tu ne me feras pas pleurer ce soir, je peux te le dire - je j'allais dire ça - oh ! tu es un homme tellement agaçant que je ne sais pas ce que j'allais dire !

" *Dieu merci ?*

"Pourquoi? Je ne vois pas qu'il y ait de quoi remercier le Ciel ! J'allais dire, je connais le truc des dîners publics. Ils choisissent un seigneur, ou un duc, s'ils parviennent à l'attraper - n'importe quoi pour faire dire aux gens qu'ils ont dîné avec noblesse, c'est tout - oui, ils demandent à un de ces gens-là, avec peut-être une étoile dans son manteau, de prendre la chaise - et parler de toutes sortes de choses saugrenues sur la charité – et faire sentir à des hommes insensés, avec du vin dedans , qu'ils n'ont pas de fin d'argent ; et puis - fermant les yeux sur leurs femmes et leurs familles restées à la maison - pendant que leurs propres visages sont rouges et rouges comme des coquelicots, et qu'ils pensent que demain n'arrivera jamais - alors ils leur font mettre la main sur le papier. Ensuite, ils leur font sortir leurs chèques. Mais j'ai pris votre livre, M. Caudle, vous ne pourriez pas le refaire une seconde fois. Ce qui vous fait rire?

" *Rien ?*

« Ce n'est pas grave : je le verrai demain dans le journal ; car si vous avez donné quelque chose, vous étiez trop fier pour le cacher. Je connais *votre* association caritative.

« *Où est ta montre ?*

« Ne vous ai-je pas dit cinquante fois où il se trouve ? Dans la poche – au-dessus de la tête – bien sûr. Tu ne l'entends pas tic-tac ? Non : vous n'entendez rien ce soir.

« Et maintenant, M. Caudle, j'aimerais savoir quel chapeau vous avez ramené à la maison ? Vous êtes sorti avec un castor d'une valeur de vingt-trois shillings - c'est la deuxième fois que vous le portez - et vous rapportez à la maison une chose pour laquelle aucun Juif sensé ne me donnerait cinq pence. Je n'ai même pas pu me procurer un pot de primevères - et tu sais que je transforme toujours tes vieux chapeaux en racines - pas un pot de primevères pour cela. J'en suis certain maintenant - je l'ai souvent pensé - mais maintenant je suis sûr que certains dînent au restaurant uniquement pour changer de chapeau.

« *Où est ta montre ?*

« Caudle, tu m'amènes dans une tombe prématurée ! »

Nous espérons que Caudle s'est repenti de sa conduite ; en fait, nous pensons qu'il existe des preuves qu'il l'était : car il n'a joint aucun commentaire à cette conférence . L'homme n'avait pas le visage pour le faire.

CONFÉRENCE XXI -
M. CAUDLE N'A PAS AGI « COMME UN MARI »
AU DÎNER DE MARIAGE

« Ah, moi ! Il ne sert à rien de souhaiter, rien du tout : mais je souhaite qu'hier quatorze ans puissent revenir à nouveau. Je ne pensais pas, M. Caudle, lorsque vous m'avez ramené de l'église, votre épouse légitime - je ne pensais pas, dis-je, que je devrais célébrer mon dîner de noces de la manière que je l'ai fait aujourd'hui. Il y a quatorze ans ! Oui, je te vois maintenant, dans ton habit bleu à boutons brillants, et ton gilet de satin moiré blanc, et un bouton de rose mousse à ta boutonnière, dont tu disais qu'il me ressemblait. Quoi?

« *Tu n'as jamais dit de telles bêtises* ?

"Ha! M. Caudle, vous ne savez pas de quoi vous avez parlé ce jour-là, mais moi si. Oui; et tu t'es ensuite assis à table comme si ton visage, si je puis dire, était beurré de bonheur, et... Quoi ? Non, M. Caudle, ne dites pas cela ; *Je* n'ai pas essuyé le beurre – pas moi. Si vous, surtout les hommes, n'êtes pas heureux, vous devriez l'être, Dieu le sait !

« Oui, je *parlerai* d'il y a quatorze ans. Ha! tu t'es alors assis à côté de moi et tu m'as choisi toutes sortes de belles choses. Vous m'auriez donné des perles et des diamants à manger si j'avais pu les avaler . Oui, dis-je, tu t'es assis à côté de moi, et - De quoi parles-tu ?

« *Tu ne pouvais pas t'asseoir à côté de moi aujourd'hui* ?

« Cela n'a rien à voir du tout. Mais ça te ressemble tellement. Je ne peux pas parler mais tu t'envoles vers autre chose. Ha! et quand la santé du jeune couple s'est enivrée, quel discours vous avez fait alors ! C'était délicieux! Comment tu as fait pleurer tout le monde comme si leur cœur se brisait ; et je me souviens comme si c'était hier, comment les larmes coulaient sur le nez de mon cher père, et comment ma chère mère avait failli faire une crise ! Chères âmes ! Ils ne pensaient guère, malgré tous vos beaux discours, à la manière dont vous m'utiliseriez.

« *Comment m'as-tu utilisé* ?

« Oh, M. Caudle, comment pouvez-vous poser cette question ? C'est bien pour toi, je ne te vois pas rougir. *Comment m'as* -tu utilisé ?

« Eh bien, que la même langue puisse faire un discours comme celui-là, et ensuite parler comme elle l'a fait aujourd'hui !

« *Comment as-tu parlé* ?

« Eh bien, honteusement ! Que dites-vous de votre bonheur conjugal ? Pourquoi rien. Qu'avez-vous dit à propos de votre femme ? Pire que rien : comme si elle était une bonne affaire dont on regrette mais qu'on est obligé d'en tirer le meilleur parti. Que dites-vous?

« Et le pire est le meilleur ?

« Si tu répètes ça, Caudle, je me lèverai de mon lit.

« Tu ne l'as pas dit ?

« Alors, qu'as-tu dit ? Quelque chose qui y ressemble beaucoup, je sais. Oui, un joli discours de remerciement pour un mari ! Et tout le monde pouvait voir que tu ne te souciais pas de moi ; et c'est pour ça que vous les avez eus ici : c'est pour ça que vous les avez invités , pour m'insulter en face. Quoi?

« Je t'ai obligé à les inviter ?

« Oh, Caudle, quel homme agaçant tu es !

« Je suppose que vous direz ensuite que je vous ai obligé à inviter Miss Prettyman ? Oh oui; ne me dis pas que son frère l'a amenée sans que tu le saches. Quoi?

« Ne l'ai-je pas entendu dire cela ?

" Bien sûr que je l'ai fait; mais pensez-vous que je suis complètement idiot ? Pensez-vous que je ne sais pas que tout a été réglé entre vous ? Et elle doit être une personne gentille pour venir spontanément chez une femme ? Mais je sais pourquoi elle est venue. Oh oui; elle est venue regarder autour d'elle.

« Oh, le sens est assez clair. - Elle est venue voir comment elle aimerait les chambres - comment elle aimerait mon siège près de la cheminée ; comment elle - et si ce n'est pas assez de briser le cœur d'une mère pour être traitée ainsi ! - comme elle devrait aimer mes chers enfants.

« Maintenant, cela ne sert à rien de rebondir - mais bien sûr, c'est tout ; Je ne peux pas mentionner Miss Prettyman, mais vous vous déplacez comme si vous étiez en crise. Bien sûr , cela montre qu'il y a quelque chose dedans. Sinon, pourquoi devriez-vous vous déranger ? Pensez-vous que je ne l'ai pas vue regarder les chiffres sur les cuillères comme si elle voyait déjà le mien rayé et le sien là ? Non, je ne vous rendrai pas fou, M. Caudle ; et si je le fais, c'est de ta faute. Aucun autre homme ne traiterait la femme de son sein de la même manière. Qu'en dites-vous ?

« Autant épouser un hérisson ?

« Eh bien, maintenant, on arrive à quelque chose ! Mais c'est toujours le cas ! Chaque fois que vous voyez Miss Prettyman, je suis sûr d'être abusé. Un hérisson! C'est une jolie chose pour une femme que de se faire appeler par son mari ! Maintenant, vous ne pensez pas que je vais m'allonger tranquillement dans mon lit et être traité de hérisson - n'est-ce pas, M. Caudle ?

"Eh bien, j'espère seulement que Miss Prettyman a eu un bon dîner, c'est tout. Je n'en avais pas ! Vous savez que je n'en avais pas – comment pourrais-je en obtenir ? Vous savez que la seule partie de la dinde qui m'intéresse, c'est la joyeuse pensée. Et bien sûr, cela revient à Miss Prettyman. Oh, je t'ai vu rire quand tu l'as mis dans son assiette ! Et vous ne pensez pas qu'après une telle insulte, je goûterais autre chose sur la table ? Non, j'espère avoir plus d'entrain que ça. Oui; et tu as pris du vin avec elle quatre fois. Que dites-vous?

« *Seulement deux fois* ?

« Oh, vous étiez tellement perdu – fasciné, M. Caudle ; oui, fasciné - que tu ne savais pas ce que tu faisais. Cependant, je pense que de mon vivant, je pourrais être traité avec respect à ma propre table. Je dis, tant que je suis en vie ; car je sais que je ne tiendrai pas longtemps, et alors Miss Prettyman pourrait venir et tout prendre. Je gaspille quotidiennement, et ce n'est pas étonnant. Je n'en dis jamais rien, mais chaque semaine, mes robes sont récupérées.

« J'ai vécu pour apprendre quelque chose, c'est sûr ! Miss Prettyman s'est moquée de mes crèmes. Il ne suffit pas que vous me reprochiez toujours vous-même, mais vous devez amener des femmes à la maison pour qu'elles se moquent de moi à ma propre table. Que dites-vous?

« *Elle n'a pas levé le nez* ?

«Je sais qu'elle l'a fait; non, mais ce n'est pas nécessaire – la Providence l'a déjà assez fait pour elle. Et il faut qu'elle se donne des airs sur mes crèmes anglaises ! Oh, je l'ai vue hacher avec la cuillère comme si elle mâchait du sable. Que dites-vous?

« *Elle a fait l'éloge de mon pudding aux prunes* ?

« Qui lui a demandé d'en faire l'éloge ? Comme son impudence, je pense !

« Oui, j'ai passé une jolie journée. Je n'oublierai pas ce jour de mariage, je pense ! Et comme je l'ai dit, vous avez fait un joli discours en guise de remerciement. Non, Caudle, si je devais vivre cent ans – ne gémissez pas, M. Caudle, je ne vous dérangerai pas la moitié de ce temps – si je devais vivre cent ans, je ne l'oublierais jamais. Jamais! Vous n'avez même pas fait intervenir un de vos enfants dans votre discours. Et - chères créatures ! - qu'ont- *ils* fait pour vous offenser ? Non; Je ne te rendrai pas fou. C'est vous, M. Caudle, qui me rendra fou. Tout le monde le dit.

« Et vous supposez que je n'ai pas vu comment on faisait pour que vous et *Miss* Prettyman soyez toujours partenaires au whist ?

« *Comment cela a-t-il été géré ?*

«Eh bien, c'est assez clair. Bien sûr, vous avez emballé les cartes et vous pouviez couper ce que vous vouliez. Vous aviez réglé ça entre vous. Oui; et quand elle prenait un tour, au lieu de donner un atout, elle jouait au whist, en effet ! - que lui as-tu dit lorsqu'elle a découvert que c'était mal ? Oh ! il était impossible que *son* cœur se trompe ! Et ceci, M. Caudle, devant tout le monde – avec votre propre femme dans la pièce !

« Et Miss Prettyman, je ne tiendrai pas ma langue. Je *parlerai* de Miss Prettyman : qui est-elle en effet pour que je ne parle pas d'elle ? Je suppose qu'elle pense qu'elle chante ? Que dites-vous?

« *Elle chante comme une sirène ?*

« Oui, très – très semblable à une sirène ; car elle ne chante jamais mais elle s'expose. Elle aurait pu, je pense, choisir une autre chanson. « *J'aime quelqu'un* », en effet ; comme si je ne savais pas à qui il s'agissait de ce « quelqu'un » ; et toute la salle le savait, bien sûr ; et c'est pour cela qu'il a été fait, rien d'autre.

"Cependant, M. Caudle, puisque ma décision est prise, je n'en parlerai pas davantage ce soir, mais j'essaierai de m'endormir."

« *Et à mon grand étonnement et gratitude* », écrit Caudle, « *elle a tenu parole .*»

CONFÉRENCE XXII -
CAUDLE RENT À LA MAISON LE SOIR, COMME MME. CAUDLE VIENT DE SORTIR POUR FAIRE DU SHOPPING. A SON RETOUR, À DIX heures, CAUDLE REMMONTRE

"M. Caudle, tu aurais dû avoir un esclave – oui, un esclave noir, et non une femme. Je suis sûr que je ferais mieux de naître nègre tout de suite – bien mieux.

« *Qu'est-ce qu'il y a maintenant ?*

«Eh bien, j'aime ça. Sur ma vie, M. Caudle, c'est très cool. Je ne peux pas quitter la maison juste pour acheter un mètre de ruban, mais tu es assez violent pour enlever le toit.

« *Tu n'as pas pris d'assaut ? tu as seulement parlé ?*

« J'ai parlé, en effet ! Non, monsieur : je n'ai pas de sentiments si fins ; et je ne crie pas avant d'être blessé. Mais tu aurais dû épouser une femme de pierre, car tu ne te sens pour personne : c'est-à-dire pour personne dans ta propre maison. J'aimerais seulement que vous montriez un peu de votre humanité à la maison, ne serait-ce que si peu - c'est tout.

"Que dites-vous?

« *Où sont mes envies d'aller faire du shopping le soir ?*

« Quand veux-tu que j'y aille ? Sous un soleil de plomb, me faisant ressembler à un visage de gitan ? Je ne vois pas de quoi rire, M. Caudle ; mais vous pensez au visage de quelqu'un avant celui de votre femme. Oh, c'est assez clair ; et le monde entier peut le voir. J'ose dire, maintenant, si c'était le visage de Miss Prettyman – maintenant, maintenant, M. Caudle ! Pourquoi te lances-tu ? Je suppose que Miss Prettyman n'est pas une personne si merveilleuse qu'il est impossible de la nommer ? Je suppose qu'elle est de chair et de sang. Quoi?

« *Tu ne sais pas ?*

"Ha! Je ne le sais pas.

« Quoi, M. Caudle ?

« *Vous aurez une chambre séparée – vous ne serez pas tourmenté de cette manière ?*

«Non, vous ne le ferez pas, monsieur – pas tant que je serai en vie. Une pièce séparée ! Et vous vous considérez comme un homme religieux, M. Caudle. Je vous conseillerais de retirer le livre de prières et de relire le service du mariage. Une pièce séparée, en effet ! Caudle, tu deviens plutôt païen. Une pièce séparée ! Eh bien, les domestiques parleraient alors ! Mais non : aucun homme – pas le meilleur qui ait jamais marché, Caudle – ne devrait jamais me faire paraître aussi méprisable.

« Je *ne vais pas* dormir ; et vous devriez mieux me connaître que de me demander de me taire. Parce que tu rentres à la maison alors que je viens de sortir pour faire quelques courses, tu es pire qu'une fureur. J'aimerais savoir combien d'heures je veille pour toi ? Que dites-vous?

« *Personne ne veut que je m'assoie* ?

"Ha! c'est comme la gratitude des hommes - tout comme eux ! Mais une pauvre femme ne peut pas quitter la maison, c'est quoi ?

« *Pourquoi je ne peux pas y aller à des heures raisonnables* ?

"Raisonnable! Comment appelle-t-on huit heures ? Si je sortais à onze heures et à midi, pendant que vous rentrez à la maison, alors vous pourriez parler ; mais sept ou huit heures... eh bien, c'est la fraîcheur du soir ; le moment le plus agréable pour profiter d'une promenade ; et, comme je l'ai dit, faites un peu de shopping. Oh oui, M. Caudle, je pense autant qu'à vous aux gens qui sont gardés dans les magasins ; mais cela n'a rien à voir du tout. Je sais ce que tu aurais. Vous voudriez que tous ces jeunes hommes quittent le comptoir plus tôt pour améliorer ce que vous leur plaisez. De jolies notions qu'on ramasse chez un groupe de libres penseurs, et je ne sais quoi ! Quand j'étais petite, les gens ne parlaient jamais de l'esprit – de l'intellect, je crois que vous l'appelez. Absurdité! une chose nouvelle, venez simplement; et plus tôt ça sortira, mieux ce sera.

« Ne me le dis pas ! A quoi servent les magasins, s'ils ne veulent pas aussi être ouverts tard et tôt ? Et que sont les commerçants s'ils ne sont pas toujours au service de leurs clients ? Les gens paient pour ce qu'ils ont, je suppose, et on ne peut pas leur dire quand ils doivent venir dépenser leur argent, et quand ils ne le feront pas ? Dieu merci! si un magasin ferme, un autre reste ouvert ; et je pense toujours que c'est un devoir que je me dois d'aller au magasin ouvert en dernier : c'est le seul moyen de punir les commerçants qui restent oisifs et se donnent des airs de bonne heure.

« En plus, il y a certaines choses que j'aime mieux acheter à la lueur des bougies. Oh, ne me parle pas d'humanité ! L'humanité, en effet, pour une meute de jeunes gens grands et robustes - certains d'entre eux sont assez grands pour être présentés comme des géants ! Et que doivent-ils faire ? Pourquoi rien, sinon se tenir derrière un comptoir et parler courtois. Oui, je connais vos idées ; vous dites que tout le monde travaille trop : je le sais. Vous voudriez que tout le monde ne fasse rien la moitié de son temps à part se tourner les pouces, ou se promener dans les parcs, ou aller dans des galeries d'images, des musées, et ce genre de bêtises. Très bien, en effet ; mais Dieu merci ! le monde n'en est pas encore là.

« Que dites-vous que je suis, M. Caudle ?

« Une femme stupide, qui ne peut pas regarder au-delà de mon propre coin du feu ?

« Oh oui, je peux ; jusqu'à vous, et bien plus loin. Mais je ne peux pas faire un peu de shopping avec ma chère amie Mme Wittles - de quoi riez-vous ? Oh, n'est-ce pas ? Les femmes ne savent-elles pas ce qu'est l'amitié ? Sur ma vie, vous avez une belle opinion de nous ! Oh oui, nous pouvons... nous pouvons regarder au-delà de nos propres ailes, M. Caudle. Et si nous n'y parvenons pas, c'est tant mieux pour nos familles. Ce serait une chose bénie pour leurs femmes et leurs enfants si les hommes ne le pouvaient pas non plus. Vous n'auriez pas prêté ces cinq livres - et j'ose dire bien d'autres cinq livres dont je ne sais rien - si vous étiez un seigneur de la création ! - avait la moitié du sens des femmes. Vous nous surprenez rarement, je crois, à prêter cinq livres. Je devrais penser que non.

— Non : nous n'en parlerons pas demain matin. Vous n'allez pas me blesser quand je rentrerai à la maison et penserez que je ne dois rien dire à ce sujet. Vous m'avez traité de personne inhumaine ; vous avez dit que je n'avais aucune pensée, aucun sentiment pour la santé et le confort de mes semblables ; Je ne sais pas pourquoi tu ne m'as pas appelé ; et seulement pour acheter un... mais je ne vous dirai pas quoi ; non, je ne te satisferai pas là-bas - mais tu m'as abusé de cette manière, et seulement pour faire des courses jusqu'à dix heures. Vous avez beaucoup de compassion, vous l'avez ! Je suis sûr que le jeune homme qui m'a servi aurait pu abattre un bœuf ; oui, assez fort pour soulever une maison : mais vous pouvez le plaindre – oh oui, vous pouvez être toute bonté pour lui, et pour le monde, comme vous l'appelez. Oh, Caudle, quel hypocrite tu es ! J'aimerais seulement que le monde sache comment vous avez traité votre pauvre femme !

"Que dites-vous?

« Par amour de miséricorde, te laisse dormir ?

« Pitié, vraiment ! J'aimerais que vous puissiez en montrer un peu à d'autres personnes. Oh oui, je *sais* ce que signifie la miséricorde ; mais ce n'est pas une raison pour que je fasse du shopping un peu plus tôt que prévu - et je ne le ferai pas. Non; vous m'avez prêché cela encore et encore ; vous m'avez obligé à aller aux réunions pour en entendre parler : mais ce n'est pas une raison pour que les femmes ne fassent pas leurs achats aussi tard qu'elles le souhaitent. C'est très bien, comme je l'ai dit, que vous nous parliez lors de réunions où, bien sûr, nous sourions et tout ça - et secouant parfois nos mouchoirs blancs - et où vous dites que nous avons le pouvoir des premières heures entre nos propres mains. Bien sûr, nous l'avons fait ; et nous entendons le garder. Autrement dit, je le fais. Vous ne me surprendrez jamais à faire du shopping jusqu'à la toute dernière chose ; et - par principe - j'irai toujours au magasin qui reste ouvert au plus tard. Cela fait du bien aux jeunes hommes de les garder proches des affaires. Améliorez vraiment leur esprit ! Laissez -les sortir à sept heures, et ils n'amélioreront rien d'autre que leur billard. D'ailleurs, s'ils veulent se perfectionner, ne peuvent-ils pas se lever, par ce beau temps, à trois heures ? Quand il y a une volonté, il y a un moyen, M. Caudle.

« Je pensais », écrit Caudle, *« qu'elle s'était endormie. Dans cet espoir, je m'assoupissais lorsqu'elle me fit courir, et se déclara ainsi : « Caudle, tu veux des verres de nuit ; mais voyez si je décide de les acheter jusqu'à neuf heures du soir !*

CONFÉRENCE XXIII - MME. CAUDLE « SOUHAITE SAVOIR S'ILS VONT AU BORD DE MER OU PAS CET ÉTÉ, C'EST TOUT »

"Chaud? Oui, il *fait* chaud. Je suis sûr qu'on pourrait aussi bien être dans un four qu'en ville par ce temps. Vous semblez oublier que nous sommes en juillet, M. Caudle. J'ai attendu tranquillement - je n'ai jamais parlé ; pourtant, vous n'avez pas encore dit un mot du bord de mer. Ce n'est pas que je m'en soucie moi-même – oh, non ; ma santé n'a pas la moindre conséquence. Et en effet, j'allais dire - mais je ne le dirai pas - que plus tôt, peut-être, je serai hors de ce monde, mieux ce sera. Oh oui; J'ose dire que vous le pensez - bien sûr que oui, sinon vous ne resteriez pas là sans rien dire. Vous êtes assez pour exaspérer un saint, Caudle ; mais tu ne me vexeras pas. Non; J'ai pris ma décision et je n'ai plus jamais l'intention de te laisser m'ennuyer à nouveau. Pourquoi devrais-je m'inquiéter ?

« Mais tout ce que je veux vous demander, c'est ceci : comptez-vous aller au bord de la mer cet été ?

" *Oui ? tu iras à Gravesend ?*

« Alors tu iras seul, c'est tout ce que je sais. Gravesend! Autant vider une salière dans la New River et appeler cela le bord de mer. Quoi?

« *C'est pratique pour les affaires ?*

« Vous voilà à nouveau ! Je ne peux jamais parler de prendre un peu de plaisir, mais vous me lancez des affaires entre les dents. Je suis sûr que vous n'avez jamais laissé les affaires faire obstacle à votre propre plaisir, M. Caudle - pas vous. Ce serait tant mieux pour votre famille si vous le faisiez.

« Vous savez que Mathilde veut prendre un bain de mer ; vous le savez, ou devriez le savoir, aux regards de l'enfant ; et pourtant – je te connais, Caudle – tu aurais laissé passer l'été et tu n'aurais jamais dit un mot à ce sujet. Que dites-vous?

« *Margate est si chère ?*

"Pas du tout. Je suis sûr que cela nous coûtera moins cher au final ; car si nous n'y allons pas, nous serons tous malades - chacun d'entre nous - en hiver. Non que ma santé ait une quelconque importance : je le sais assez bien. Cela n'a jamais été le cas pour l'instant. Tu sais que Margate est le seul endroit où je peux prendre un petit-déjeuner, et pourtant tu parles de Gravesend ! Mais qu'est-ce que je te mange ? Vous ne vous en soucieriez pas si je ne mangeais jamais du tout. Tu ne surveilles jamais mon appétit comme n'importe quel autre mari, sinon tu aurais vu à quoi ça aboutit.

"Que dites-vous?

" *Combien cela coûtera-t-il* ?

« Vous voilà, M. Caudle, avec à nouveau votre méchanceté. Quand vous voulez aller vous-même à Blackwall ou à Greenwich, vous ne demandez jamais combien cela coûtera ? Quoi?

« *Tu ne vas jamais à Blackwall* ?

"Ha! Je ne le sais pas ; et si vous ne le faites pas, cela n'a rien à voir avec ça. Oui, vous pouvez offrir vous-même une assiette d'appâts blancs à une Guinée. Non, monsieur : je ne suis pas une femme idiote : et je sais très bien de quoi je parle – personne de mieux. Une guinée de poisson blanc pour vous-même, quand vous en voulez une pinte de crevettes pour votre pauvre famille. Hein ?

« *Vous ne leur en voulez rien* ?

« Oui, c'est très bien pour vous de rester là et de le dire.

« *Combien ça va coûter* ?

« Peu importe ce que cela coûtera, car nous n'y irons pas du tout maintenant. Non; nous resterons à la maison. Nous serons tous malades cet hiver – chacun d'entre nous, sauf vous ; et rien ne vous rend jamais malade. Je n'ai aucun doute que nous serons tous désarmés, et il y aura une note de médecin aussi longue que celle d'un chemin de fer ; mais peu importe. Il vaut mieux – bien mieux – payer pour de mauvais soins médicaux que pour de l'air frais et de l'eau salée saine. Ne m'appelez pas « femme » et ne demandez pas « combien cela va coûter ». Je vous le dis, si vous déposiez l'argent devant moi pour cette couverture, je n'irais pas maintenant – certainement pas. Il vaut mieux que nous soyons tous malades ; oui, alors vous serez content.

« C'est vrai, M. Caudle ; aller dormir. C'est comme votre moi insensible ! Je parle du fait que nous sommes tous mis en attente ; et toi, comme n'importe quelle pierre, retourne-toi et commence à t'endormir. Eh bien, je pense que c'est une jolie insulte !

« *Comment peux-tu dormir avec un éclat pareil dans la chair* ?

« Je suppose que tu veux m'appeler le dissident ? - et après la femme que j'ai été chez toi ! Mais non, M. Caudle, vous pouvez m'appeler comme bon vous semble ; tu ne me feras pas pleurer maintenant. Non non; Je ne verse plus mes larmes sur une telle personne maintenant.

"Quoi?

" *Ne le faites pas ?*

"Ha! c'est votre ingratitude ! Mais aucun de vous, les hommes, ne mérite qu'une femme vous aime. Mon pauvre cœur !

« Tout le monde peut sortir de la ville, sauf nous. Ha! Si seulement j'avais épousé Simmons... Quoi ?

« *Pourquoi je ne l'ai pas fait ?*

« Oui, c'est tout ce que je reçois de remerciement.

« *Qui est Simmons ?*

« Oh, tu sais très bien qui est Simmons. Il m'aurait traité un peu mieux, je pense. C'était *un* gentleman.

« *Tu ne peux pas le dire ?*

« Peut-être pas : mais je peux. Avec un temps pareil, rester fondant à Londres ; et quand les peintres entrent !

« *Vous ne voulez pas que les peintres soient là ?*

"Mais tu dois; et s'ils entrent une fois, je suis déterminé qu'aucun de nous ne bougera alors. Peindre en juillet, avec une famille à la maison ! Nous serons tous empoisonnés, bien sûr ; mais qu'est-ce que ça te fait ?

« *Pourquoi ne puis-je pas vous dire combien cela va coûter ?*

« Comment puis-je, ou n'importe quelle femme, savoir exactement ce que cela coûtera ? Bien sûr, le logement - et à Margate aussi - est un peu plus cher que de vivre dans sa propre maison.

« *Pooh ! Tu le sais ?*

« Eh bien, si c'est le cas, M. Caudle, je suppose qu'il n'y a aucune trahison à le nommer. Pourtant, si vous les prenez pour deux mois, ils coûtent moins cher que pour un. Non, M. Caudle, je ne m'en lasserai pas vraiment dans un mois. Non : et ce n'est pas vrai que dès que je sors, je veux rentrer chez moi. Certes, j'en avais marre de Margate, il y a trois ans, quand vous me laissiez me promener seul sur la plage, à être observé à travers toutes sortes de télescopes. Mais ne recommencez pas, M. Caudle, je peux vous le dire.

« *Que vais-je faire à Margate ?*

« Eh bien, n'y a-t-il pas de bain et de ramassage de coquillages ? et n'y a-t-il pas les paquets, avec les ânes ; et le dernier nouveau roman, quel qu'il soit, à lire ? - car le seul endroit où j'apprécie vraiment un livre, c'est au bord de la mer. Non; ce n'est pas que j'aime le sel dans mes lectures, M. Caudle ! Je suppose que tu appelles ça une blague ? Tu pourrais garder tes blagues pour la journée, je pense. Mais comme je le disais - vous seul m'interromprez toujours - l'océan me semble toujours ouvrir l'esprit. Je ne vois pas de quoi rire ; mais tu ris toujours quand je dis quelque chose. Parfois, au bord de la mer, surtout quand la marée est basse, je me sens si heureuse : c'est comme si je pouvais pleurer.

« Quand dois-je préparer les choses ? Pour dimanche prochain ?

« *Combien ça va coûter ?*

« Oh, là, n'en parle pas. Non : nous n'irons pas. J'enverrai chercher les peintres demain. Quoi?

« *Je peux aller emmener les enfants, et tu resteras ?*

« Non, monsieur : vous venez avec moi, ou je ne bouge pas. Je ne vais pas être lâché comme une poule avec ses poules, sans personne pour me protéger. Alors on y va lundi ? Hein ?

« *Combien ça va coûter ?*

« Quel homme tu es ! Eh bien, Caudle, j'ai pensé que, avec des pantoufles en cuir et tout, nous ne pourrions pas le faire avec moins de soixante-dix livres. Non; Je n'enlèverai pas les pantoufles et ne dirai pas cinquante. C'est soixante-dix livres et pas moins. Bien sûr, ce qui est fini sera tellement économisé. Caudle, quel homme tu es ! Bon, on y va lundi ? Que dites-vous -

" *Tu verras ?*

« Il y a une chérie. Alors, lundi.

« *Tout pour avoir une chance de paix* », écrit Caudle. « *J'ai consenti au voyage, car je pensais que je dormirais mieux en changeant de lit.* »

CONFÉRENCE XXIV - MME. CAUDLE S'APPARTIENT SUR LA « CRUELLE NÉGLIGENCE » DE CAUDLE À BORD DU « RED ROVER ». MME. CAUDLE TELLEMENT « MALADE DE LA MER » QU'ILS S'HABILLENT AU DOLPHIN, À HERNE BAY.

« Caudle, as-tu regardé sous le lit ?

" *Pourquoi ?*

« Bénis cet homme ! Pourquoi, pour les voleurs, bien sûr. Pensez-vous que je dormirais dans un lit étranger sans ? Ne me dites pas que c'est absurde ! Je ne devrais pas dormir de la nuit. Non pas que cela vous intéresse ; pas que tu le ferais - chut ! Je suis sûr d'avoir entendu quelqu'un. Non; ce n'est pas un peu comme une souris. Oui; c'est comme toi - ris. Ce ne serait pas drôle si... je suis sûr qu'il y *a* quelqu'un ! - Je suis sûr que oui !

« - Oui, M. Caudle ; maintenant je *suis* satisfait. N'importe quel autre homme se serait levé et se serait regardé ; surtout après mes souffrances à bord de ce méchant navire. Mais surprenez-vous en train de remuer ! Oh non! Vous me laisseriez mentir ici et me faire voler et tuer, pour ce que vous vous en souciez. Pourquoi tu ne vas pas dormir ? Que dites-vous?

« *C'est l'air étrange - et tu as toujours sommeil dans un air étrange ?*

« Cela montre les sentiments que vous ressentez après ce que j'ai vécu. Et en bâillant aussi, de cette manière brutale ! Caudle, tu n'as pas plus de cœur que cette silhouette en bois en jupon blanc à l'avant du navire.

"Non; Je *ne pouvais pas* laisser mon caractère à la maison. J'ose dire! Parce que pour une fois dans ta vie tu m'as fait sortir - oui, je dis une fois, ou deux ou trois fois, ce n'est pas plus ; parce que, comme je l'ai dit, une fois que tu me fais sortir, je dois être un esclave et ne rien dire. Du plaisir, en effet ! J'aurai beaucoup de plaisir si on me dit de me taire. Une jolie façon de plaire à une femme.

"Cher moi! si le lit ne tourne pas et ne danse pas ! J'ai tout ce sale bateau dans la tête ! Non : je ne serai pas bien demain matin. Mais rien ne souffre jamais, sauf vous-même. Vous n'avez pas besoin de gémir ainsi, M. Caudle, pour déranger peut-être les gens dans la pièce voisine. C'est une chance que je sois en vie, j'en suis sûr. Si une fois je n'avais pas donné tout le monde pour qu'on me jette par-dessus bord ! Pourquoi vous claquer les lèvres, M. Caudle ? Mais je sais ce que tu veux dire – bien sûr, tu n'aurais jamais bougé pour les arrêter

; pas toi. Et puis vous auriez pu savoir que le vent aurait soufflé aujourd'hui ; mais c'est pour ça que tu es venu.

« Quoi que j'aurais dû faire sans cette bonne âme – ce bienheureux Capitaine Large ! Je suis sûr que toutes les femmes qui vont à Margate devraient prier pour lui ; si attentif au mal de mer, et si gentleman ! Comment aurais-je dû descendre les escaliers sans lui lorsque j'ai commencé à me retourner, je ne sais pas. Ne me dis pas que je ne me suis jamais plaint de toi ; tu aurais pu voir que j'étais malade. Et quand tout le monde avait l'air d'une mauvaise bougie de cire, on pouvait se promener et faire ce qu'on appelle ses plaisanteries sur la petite bouée qui n'était jamais malade au Nore, et ces détritus insensibles.

« Oui, Caudle ; nous sommes mariés depuis de nombreuses années, mais si nous devions vivre ensemble encore mille ans, à quoi joignez-vous les mains ? - dans mille ans, dis-je, je n'oublierai jamais votre conduite aujourd'hui. Vous pouviez aller à l'autre bout du navire et fumer un cigare, quand vous saviez que je serais malade – oh, vous le saviez ; car je le suis toujours. La manière brutale avec laquelle vous avez pris ce cognac et cette eau froides vous a fait croire que je ne vous voyais pas ; mais, si malade que j'étais, pouvant à peine relever la tête, je te surveillais tout le temps. Trois verres de cognac froid et d'eau ; et vous les avez sirotés et avez bu la santé de gens dont vous ne vous souciiez pas du tout ; tandis que la santé de votre propre épouse légitime n'était rien. Trois verres d'eau-de-vie et *je* suis parti - si je puis dire - seul ! Vous ne les avez pas entendus , mais tout le monde criait : honte à vous.

"Que dites-vous?

« *C'est en grande partie ma faute ? J'ai trop dîné ?*

« Eh bien, tu es un homme ! Si j'ai pris plus que la poitrine et la patte de cette jeune oie - quelque chose, pourrais-je dire, tout juste sorti de sa coquille - avec le moindre morceau de farce, je suis une méchante femme. Que dites-vous?

« *Salade de homard ?*

"La! - comment peux-tu en parler ? Un bébé d'un mois aurait mangé davantage. Quoi?

« *Tarte aux groseilles ?*

« Eh bien, si vous nommez cela, vous nommerez n'importe quoi. C'est vrai que j'ai trop mangé ! Pensez-vous que j'allais payer pour un dîner et ne rien manger ? Non, M. Caudle ; c'est une bonne chose pour vous que je connaisse un peu mieux la valeur de l'argent que cela.

« Mais, bien sûr, vous étiez mieux occupé que de vous occuper de moi. M. Prettyman est monté à bord à Gravesend. Une chose planifiée, bien sûr. Tu penses que je ne l'ai pas vu te donner une lettre.

« *Ce n'était pas une lettre ; c'était un journal* ?

"J'ose dire; malade comme j'étais, j'avais mes yeux. C'était le plus petit journal que j'aie jamais vu, c'est tout. Mais bien sûr, une lettre de Miss Prettyman - Maintenant, Caudle, si tu commences à crier de cette manière, je me lèverai. Oubliez-vous que vous n'êtes pas chez vous ? faire ce bruit ! Dérangeant tout le monde ! Eh bien, nous ferons lever le propriétaire ! Et vous pouviez fumer et boire « en avant », comme vous l'appeliez. Quoi?

« *Tu ne pouvais pas fumer ailleurs* ?

« Cela n'a rien à voir avec ça. Oui; avant. Quel dommage que Miss Prettyman ne soit pas avec vous ! Je suis sûr que rien ne pourrait être trop excitant pour elle. Non, je ne tiendrai pas ma langue ; et je ne devrais pas avoir honte de moi. Ce n'est pas une trahison, n'est-ce pas, de parler de Miss Prettyman ? Après tout, j'ai souffert aujourd'hui, et je ne dois pas ouvrir les lèvres ! Oui; Je dois être emmené loin de chez moi, traîné ici au bord de la mer et rendu malade ! et je ne dois pas parler. J'aimerais savoir quelle sera la suite.

« C'est une chance que certains de nos chers enfants ne se soient pas noyés ; non pas que leur père s'en serait soucié, tant qu'il aurait pu avoir son cognac et ses cigares. Peter était aussi près de l'un des trous que...

« *Cela n'existe pas* ?

« C'est très bien de votre part de le dire, mais vous savez quel garçon il est curieux et combien il aime se promener parmi les machines à vapeur. Non, je ne te laisserai pas dormir. Quel homme tu es ! Quoi?

« *Je l'ai déjà dit* ?

« Ce n'est pas grave ; Je le répète. Allez dormir, en effet ! comme si on ne pouvait jamais avoir une petite conversation rationnelle. Non, je n'arriverai pas trop en retard pour le bateau Margate demain matin ; Je peux me réveiller à l'heure que je veux, et tu devrais le savoir à cette heure-là.

« Ils ont dû me prendre pour une misérable créature dans la cabine des dames, sans que personne ne descende pour voir comment j'allais.

« *Tu es venu une dizaine de fois* ?

« Non, Caudle, ça ne suffira pas. Je sais mieux. Tu n'es jamais venu du tout. Oh non! les cigares et le cognac ont retenu toute votre attention. Et quand j'étais si malade que je ne savais rien de ce qui se passait à mon sujet, et tu n'es jamais venu. Le mari de toutes les autres femmes était là – ha ! vingt fois.

Et qu'ai-je dû ressentir en les entendant frapper à la porte et faire toutes sortes de demandes aimables - quelque chose comme si mon mari et moi étions malades seules ? Oui; et tu veux me lancer dans une dispute. Tu veux savoir, si j'étais si malade que je ne savais rien, comment pourrais-je savoir que tu n'es pas venu à la porte de la cabine ? C'est exactement comme votre manière aggravante ; mais je ne dois pas être pris de cette manière, Caudle. Non."

« *Il est très possible* , écrit Caudle, *qu'elle ait parlé encore deux heures, mais, heureusement, le vent s'est levé brusquement - les vagues ont beuglé - et, apaisée par la douce berceuse (sans parler du cognac et du dauphin) eau) je me suis en quelque sorte enfoncé pour me reposer* .

CONFÉRENCE XXV -
MME. CAUDLE, LASE DE MARGATE, A « UN GRAND DÉSIR DE VOIR LA FRANCE ».

"Bénissez-moi! n'es-tu pas fatigué, Caudle ?

" *Non ?*

« Eh bien, y a-t-il jamais eu un tel homme ! Mais rien ne vous fatigue jamais. Bien sûr, tout va très bien pour vous : oui, vous pouvez lire vos journaux et - Quoi ?

" *Donc je peux ?*

« Et je me demande ce que deviendraient les enfants si je le faisais ! Non; c'est assez pour que leur père perde son temps précieux, à parler de politique, d'évêques, de seigneurs, et d'une bande de gens qui s'en ficheraient si nous n'avions pas un toit pour nous couvrir - c'est bien assez pour - non , Caudle, non : je ne vais pas t'inquiéter ; Je ne vous ai jamais inquiété pour l'instant, et il est peu probable que je devrais commencer maintenant. Mais c'est toujours comme ça avec toi - toujours. Je suis sûr que nous devrions être le couple le plus heureux du monde, sauf que toi, tu aimes parler tout seul. Nous sommes partis pour le plaisir, alors soyons à l'aise. Pourtant, je dois le dire : quand tu veux, tu es un homme agaçant, Caudle, et tu le sais.

« *Qu'as-tu fait maintenant ?*

« Voilà, maintenant ; nous n'en parlerons pas. Non; allons dormir : sinon nous nous disputerons — je le sais. Qu'as-tu fait, en effet ! Que je ne peux pas sortir de chez moi pendant quelques jours, mais je dois être insulté ! Tout le monde sur le quai l'a vu.

" *A vu quoi ?*

« Comment peux-tu t'allonger dans le lit et me demander ? J'ai vu quoi, en effet ! Bien sûr, c'était prévu ! - régulièrement installé avant votre départ de Londres. Oh oui! J'aime votre innocence, M. Caudle ; ne sachant pas de quoi je parle. C'est une chose déchirante pour une femme de dire à propos de son propre mari ; mais tu as été un méchant homme avec moi. Oui : et tous vos mouvements et culbutes dans le lit ne l'amélioreront pas.

« Oh, c'est assez facile d'appeler une femme « une âme chère ». Je dois vous être très cher, en effet, lorsque vous amènerez Miss Prettyman là-bas maintenant ; vous n'avez pas besoin de crier comme un sauvage sauvage. Savez-vous que vous n'êtes pas dans votre propre maison - savez-vous que nous sommes dans des logements ? Que pensez-vous que les gens penseront de nous ? Vous n'avez pas besoin d'appeler de cette manière, car ils peuvent entendre chaque mot prononcé. Que dites-vous?

« Pourquoi est-ce que je ne tiens pas ma langue alors ?

"Être sûr; n'importe quoi comme excuse avec toi. N'importe quoi pour me boucher la bouche. Miss Prettyman doit vous suivre ici, et je ne dois rien dire. Je sais qu'elle vous *a* suivi ; et si vous deviez vous présenter devant un magistrat et prêter serment du contraire, je ne vous croirais pas. Non, Caudle ; Je ne le ferais pas.

" *Très bien alors* ?

"Ha! quel cœur il faut avoir pour dire « très bien » ; et après la femme que j'ai été avec toi. Je dois être amené de chez moi - traîné ici au bord de la mer - pour qu'on se moque de moi devant le monde - ne me le dis pas. Pensez-vous que je n'ai pas vu comment elle vous regardait - comment elle a retroussé sa bouche - et - quoi ?

« Pourquoi je l'ai embrassée, alors ?

« Qu'est-ce que ça a à voir avec ça ? Les apparences sont une chose, M. Caudle ; et les sentiments en sont une autre. Comme si les femmes ne pouvaient pas s'embrasser sans rien vouloir dire ! Et toi - je pouvais voir que tu avais l'air aussi froid et formel envers elle que - eh bien, Caudle ! Je ne serais pour rien au monde l'hypocrite que tu es !

« Voilà, maintenant ; J'ai entendu toute cette histoire. J'ose dire qu'elle est descendue rejoindre son frère. Mais quelle chance que vous soyez ici ! Ha! Ha! quelle chance que ça - pouah ! Pouah! Pouah! et avec la toux que j'ai sur moi - oh, tu as un cœur comme un silex au bord de la mer ! Oui c'est vrai. C'est exactement comme votre humanité. Je ne peux pas attraper froid, mais ce doit être ma faute — ce doit être mes chaussures fines. J'imagine que vous aimeriez me voir avec des bottes de laboureur ; ' peu importe à quel point je me suis défiguré. Le pied de Miss Prettyman, *maintenant* , serait une autre affaire — sans aucun doute.

« Je pensais que quand tu me ferais quitter la maison, je pensais que nous venions ici pour le plaisir : mais c'est toujours comme ça que tu aigris ma vie. Plus tôt je quitterai le monde, mieux ce sera. Que dites-vous?

" *Rien* ?

"Mais je sais ce que tu veux dire, mieux que si tu parlais une heure. J'espère seulement que vous aurez une meilleure épouse, c'est tout, M. Caudle. Quoi?

« Tu n'essaierais pas ?

« N'est-ce pas ? Je te connais. Dans six mois , tu occuperais ma place ; oui, et mes chers enfants en souffriraient terriblement.

« Caudle, si tu rugis de cette façon, les gens nous avertiront demain.

« *Alors, je ne peux pas me taire ?*

« Oui, c'est comme ton astuce : tout ce qui me fait tenir la langue. Mais nous ne nous disputerons pas. Je suis sûr que si cela dépendait de moi, nous pourrions être aussi heureux que des colombes. Je le pense vraiment – et tu n'as pas besoin de gémir quand je le dis. Bonne nuit, Caudle. Que dites-vous?

" *Bénissez-moi* !

« Eh bien, vous êtes une âme chère, Caudle ; et sans cela, Miss Prettyman, non, je ne vous torture pas. Je sais très bien ce que je fais, et je ne te torturerais pour rien au monde ; mais tu ne sais pas quels sont les sentiments d'une femme, Caudle ; tu ne le fais pas.

« Caudle – dis-je, Caudle. Juste un mot, chérie.

" *Bien* ?

« Maintenant, pourquoi devrais-tu m'attraper de cette façon ?

" *Vous désirez aller dormir ?*

"Moi aussi; mais ce n'est pas une raison pour que vous me parliez de cette manière. Tu sais, chérie, tu as promis un jour de m'emmener en France.

« *Vous ne vous en souvenez pas* ?

« Oui, c'est comme toi ; tu ne te souviens pas de beaucoup de choses que tu m'as promises ; mais je fais. Il y a un bateau qui part mercredi à Boulogne et revient le lendemain.

« *Et alors* ?

« Eh bien, pour ce temps-là, nous pourrions laisser les enfants avec les filles et partir gentiment.

« *Une absurdité* ?

"Bien sûr; si je veux quelque chose, c'est toujours un non-sens. D'autres hommes peuvent emmener leurs femmes à l'autre bout du monde ; mais tu penses que c'est bien suffisant pour m'amener ici dans ce trou où je connais chaque caillou de la plage comme une vieille connaissance - où l'on ne voit que les mêmes machines - la même jetée - les mêmes ânes - tout est pareil. Mais ensuite, j'avais oublié ; Margate a une attirance pour vous : Miss Prettyman est ici. Non; Je ne suis pas censeur et je ne médisrais pas sur un ange ; mais la façon dont cette jeune femme se promène à toute heure sur le sable - là ! là! - J'ai fini : je ne peux pas ouvrir les lèvres sur cette créature mais tu tempêtes toujours.

« Vous savez que j'ai toujours voulu aller en France ; et vous m'avez amené ici uniquement dans le but que je puisse voir les falaises françaises – juste pour m'exciter , et pour rien d'autre. Si j'étais resté chez moi - et c'est contre mon gré que je suis venu ici - je n'aurais jamais pensé à la France ; mais... de l'avoir en face toute la journée et de ne pas être autorisé à partir ! c'est pire que cruel, M. Caudle - c'est brutal. D'autres peuvent emmener leur femme à Paris ; mais tu me fais toujours rouler à la maison. Et pour quoi faire ? Eh bien, pour que je ne sache rien – oui ; juste exprès pour me faire paraître petite, et pour rien d'autre.

« Que le ciel bénisse la femme ?

"Ha! vous avez de bonnes raisons de dire cela, M. Caudle ; car je suis sûr qu'elle est peu bénie par vous. Elle a été gardée prisonnière toute sa vie - elle n'est jamais allée nulle part - oh oui ! c'est votre vieille excuse, - en parlant des enfants. Je veux aller en France et j'aimerais savoir ce que les enfants ont à voir là-dedans ? Ce ne sont plus des bébés *maintenant* , n'est-ce pas ? Mais tu m'as toujours jeté les enfants à la face. Si Miss Prettyman – là maintenant ; entendez-vous ce que vous avez fait – crier de cette manière ? Les autres locataires frappent au-dessus de leur tête : à votre avis, qui aura la tête pour les regarder demain matin ? Je ne le ferai pas – briser le repos des gens de cette façon !

« Eh bien, Caudle, je déclare qu'il fait jour, et quel homme obstiné tu es ! - dis-moi, dois-je aller en France ?

« *J'oublie* , dit Caudle, *ma réponse précise ; mais je pense que je lui ai donné une très large autorisation pour aller quelque part, sur quoi, non sans remontrances quant au lieu, elle s'est endormie .*

CONFÉRENCE XXVI -
MME. PREMIÈRE NUIT DE CAUDLE EN FRANCE - « HONTE INDIFÉRENCE » DE CAUDLE À LA DOUANE DE BOULOGNE

« Je suppose, M. Caudle, que vous vous considérez comme un homme ? Je suis sûr que de tels hommes ne devraient jamais avoir de femme. Si j'avais pu penser que c'était possible, tu te serais comporté comme tu l'as fait - et je l'aurais peut-être fait, si je n'avais pas été une créature indulgente, car tu n'as jamais été comme les autres - si seulement j'avais pu le penser, tu ne m'aurait jamais traîné à l'étranger. Jamais! Eh bien, je me *suis* dit, s'il va en France, peut-être qu'il aura un peu de politesse, mais non ; vous avez commencé en tant que Caudle, et en tant que Caudle vous finirez. Je dois être négligé toute la vie, maintenant. Oh oui! J'ai complètement renoncé à toute pensée autre que la misère - je me suis décidé à la misère, maintenant.

« *Tu en es content* ?

« Eh bien, il faut avoir du cœur pour dire ça. Je te le déclare, Caudle, aussi vrai que je suis une femme maltraitée, s'il n'y avait pas eu ces chers enfants lointains dans la bienheureuse Angleterre - sans eux, je ne reviendrais jamais avec toi. . Non : je te laisserais ici même. Oui; J'irais dans un couvent ; car une dame à bord m'a dit qu'il y en avait plein ici . J'irais et serais religieuse pour le reste de mes jours, et... je ne vois pas de quoi rire, M. Caudle ; que vous devriez secouer les objets du lit de haut en bas de cette façon. Mais vous riez toujours des sentiments des gens ; J'aimerais que tu n'en aies qu'un peu toi-même. Je serais religieuse ou sœur de la Charité.

" *Impossible* ?

"Ha! M. Caudle, vous ne savez même pas ce que je peux être quand mon sang monte. Vous avez assez longtemps marché sur le ver ; un jour tu ne le regretteras pas !

« Maintenant, aucun de vos cris profanes ne crie ! Vous n'avez pas besoin de parler du Ciel de cette façon : je suis sûr que vous êtes la dernière personne à le faire. Voici ce que je dis. Votre conduite à la Douane était honteuse — cruelle ! Et dans un pays étranger aussi ! Mais vous m'avez amené ici pour que je sois insulté ; vous n'auriez aucune autre raison pour m'arracher d'Angleterre. Ha! laissez-moi rentrer à la maison une fois, M. Caudle, et vous pourrez vous épuiser la langue avant de m'emmener à nouveau dans des endroits étranges.

" *Qu'avez-vous fait* ?

« Voilà, maintenant ; c'est là que tu es si agaçant. Tu te comportes pire que n'importe quel Turc avec moi, - quoi ?

« *Tu aimerais être Turc ?*

« Eh bien, je pense que c'est un joli souhait devant votre épouse légitime ! Oui, vous feriez un gentil Turc, n'est-ce pas ? Ne le pense pas.

" *Qu'avez-vous fait ?*

« Eh bien, c'est une bonne chose que je ne puisse pas te voir, car je suis sûr que tu dois rougir. C'est effectivement fait !

« Eh bien, quand les brutes ont fouillé mon panier à la douane !

« *C'est une chose régulière, n'est-ce pas ?*

« Alors si tu savais ça, pourquoi m'as-tu amené ici ? Aucun homme qui respectait sa femme ne le ferait. Et vous pourriez rester là et voir ce type à moustache fouiller dans mon panier ; et je sors mon bonnet de nuit et je froisse les bordures, et - eh bien ! si tu avais eu les sentiments d'un mari, ton sang aurait encore bouilli. Mais non! Vous restiez là à regarder cet homme avec douceur comme du beurre, sans jamais dire un mot ; pas quand il a froissé mon bonnet de nuit – il m'a touché le cœur comme un coup de couteau – il l'a froissé comme s'il s'agissait d'un plumeau. J'ose dire que si cela avait été le bonnet de nuit de Miss Prettyman - oh, je me fiche de vos gémissements - si cela avait été son bonnet de nuit, sa brosse à cheveux, ses boucles en papier, vous auriez alors dit quelque chose. Oh, n'importe qui avec un esprit d'homme aurait parlé s'il avait eu mille épées à son côté. Eh bien, tout ce que je sais, c'est ceci : si j'avais épousé quelqu'un que je pourrais nommer, il n'aurait pas permis que je sois traitée de cette façon, pas lui !

« Maintenant, n'espérez pas vous endormir, M. Caudle, et pensez à me faire taire de cette manière. Je connais votre art, mais ça ne fera pas l'affaire. Ce n'était pas suffisant que mon panier soit renversé, mais avant que je m'en rende compte, ils m'ont envoyé dans une autre pièce, et...

« *Comment pourriez-vous aider cela ?*

« Vous n'avez jamais essayé de l'aider. Non; bien que ce soit un pays étranger et que je ne parle pas français - non mais j'en sais beaucoup plus que certains qui se donnent des airs à ce sujet - même si je ne parle pas leur vilain charabia, vous les laissez quand même emmène-moi, et je ne me suis jamais soucié de savoir comment je pourrais jamais te retrouver. Dans un pays étrange aussi ! Mais je ne doute pas que c'est ce que vous souhaitiez : oui, vous auriez été assez heureux de vous débarrasser de moi de cette lâche manière. Si seulement je pouvais connaître tes pensées secrètes, Caudle, c'est pour cela que tu m'as amené ici : me perdre. Et après la femme que j'ai été avec toi !

« Qu'est-ce que tu cries ?

« *Par pitié* ?

"Oui; vous en savez beaucoup sur la miséricorde ! Autrement, tu n'aurais jamais permis que je sois entraîné dans cette pièce. A chercher, en effet ! Comme si quelque chose avait été introduit clandestinement à mon sujet. Eh bien, je vais le dire, après la façon dont j'ai été utilisé, si vous aviez les sentiments d'un homme, vous ne dormiriez plus avant six mois. Eh bien, je sais qu'il n'y avait là que des femmes ; mais cela n'a rien à voir. Je suis sûr que si j'avais été pris pour un vol à la tire, ils n'auraient pas pu m'utiliser plus mal. Être traité ainsi - et « spécialement par son propre sexe ! - c'est *ça* qui m'énerve.

« Et c'est tout ce que tu peux dire ?

" Qu'est- *ce que tu pourrais faire* ?

« Eh bien, enfoncez la porte ; Je suis sûr que vous avez dû entendre ma voix : vous ne me ferez jamais croire que vous n'entendez pas ça. Chaque fois que je recoudrai les ficelles, je ne peux pas le dire. S'ils ne m'ont pas transformé comme un bateau dans la tempête, je suis un pécheur ! Et tu as ri !

« *Tu n'as pas ri* ?

« Ne me le dis pas ; vous riez quand vous n'en savez rien ; mais je fais.

« Et c'est un joli endroit où tu m'as amené ! Un endroit des plus respectables, je dois dire ! Là où les femmes se promènent sans bonnet sur la tête, et les filles-poissons avec leurs jambes nues, eh bien, on ne me surprend pas à manger du poisson pendant que je suis ici.

" *Pourquoi pas* ?

« Pourquoi pas ? Pensez-vous que j'encouragerais des gens de ce genre ?

"Que dites-vous?

" *Bonne nuit* ?

« Ça ne sert à rien de dire ça : je ne peux pas m'endormir aussi tôt que toi. Surtout avec une porte dotée d'une telle serrure. Comment savoir qui peut entrer ? Quoi?

« *Toutes les serrures sont mauvaises en France* ?

« C'est d'autant plus honteux pour vous de m'amener dans un tel endroit. Cela montre seulement à quel point vous m'appréciez.

«Eh bien, j'ose dire que tu es fatigué. Je suis! Mais ensuite, voyez ce que j'ai vécu. Eh bien, nous ne nous disputerons pas dans un pays barbare. Nous ne ferons pas cela. Caudle, chérie, quel est le français pour dentelle ? Je le sais, seulement je l'oublie. Les Français pour la dentelle, mon amour ? Quoi?

« *Dentelle* ?

« Maintenant, tu ne me trompes pas ?

« *Tu ne m'as encore jamais trompé ?*

"Oh! ne dis pas ça. Il n'y a pas un homme marié dans ce monde béni qui puisse mettre la main sur son cœur au lit et dire cela. Le français pour la dentelle, chérie ? Dis le encore.

« *Dentelle* ?

"Ha! Dentelle! Bonne nuit chérie. Dentelle! Dentel .

« *Plus tard*, écrit Caudle, *j'ai découvert à mes dépens pourquoi elle s'enquit de la dentelle. Car elle sortait le matin avec la logeuse pour acheter un voile, ne donnant que quatre livres pour ce qu'elle aurait pu acheter en Angleterre pour quarante shillings !*

CONFÉRENCE XXVII - MME. CAUDLE RETOURNE À SA TERRE NATIVE. « CRUAUTÉ HOMME » DE CAUDLE, QUI A REFUSÉ « DE METTRE EN CONTREBANDE QUELQUES CHOSES » POUR ELLE

« Là, ce n'est pas souvent que je vous demande de faire quoi que ce soit pour moi, M. Caudle, Dieu sait ! et quand je le fais, on me refuse toujours – bien sûr. Oh oui! n'importe qui sauf votre propre épouse légitime. Tous les autres maris à bord du bateau pouvaient se comporter comme un mari - mais je devais me débrouiller seule. Certes, ce n'est pas nouveau ; Je le suis toujours. Tout autre homme digne d'être appelé homme pourrait faire passer clandestinement quelques objets pour sa femme - mais autant être seul au monde. Pas une pauvre demi- douzaine de bas de soie ne pourrais-tu me mettre dans ton chapeau ; et tout le monde était enveloppé de dentelle, et je ne sais pas quoi. Hein ? Quoi, M. Caudle ?

« *Qu'est-ce que je veux avec des bas de soie* ?

« Eh bien, nous en sommes arrivés à quelque chose maintenant ! Il fut un temps, je crois, où j'avais un pied – oui, et une cheville aussi ; mais une fois qu'une femme est mariée, elle n'a rien de tel ; bien sûr. Non : je ne suis *pas* un chérubin, M. Caudle ; ne dis pas ça. Je sais très bien ce que je suis.

« J'ose dire maintenant, vous auriez été ravi de faire de la contrebande pour Miss Prettyman ? Les bas en soie deviennent elle !

« *Vous souhaiteriez que Miss Prettyman soit sur la lune* ?

« Pas vous, M. Caudle ; ce n'est que votre art - votre hypocrisie. Elle serait aussi une gentille personne pour la lune : ce ne serait pas plus brillant si elle y était, je le sais. Et quand vous avez vu les douaniers me regarder comme s'ils me transperçaient, quelle a été votre conduite ? Honteux. Vous avez gazouillé, agité et rougi comme si j'étais vraiment *un* contrebandier.

« *Alors je l'étais* ?

« Qu'est-ce que cela avait à voir avec ça ? Ce n'était pas le rôle d'un mari, je pense, de s'agiter ainsi et de le montrer.

« *Tu n'as pas pu t'en empêcher* ?

« Hum ! Et vous vous considérez comme une personne dotée d'un esprit fort, je crois ? L'un des seigneurs de la création ! Ha! Ha! Je n'ai pas pu m'en empêcher !

« Mais je peux faire tout ce que je peux pour économiser de l'argent, et c'est toujours ma récompense. Oui, M. Caudle ; J'économiserai beaucoup.

" *Combien ?*

« Je ne vous le dirai pas : je connais votre méchanceté – vous voudriez l'arrêter avec l'allocation de logement. Non : cela ne vous importe pas d'où je tire l'argent pour acheter tant de choses. L'argent était le mien. Eh bien, et si c'était le vôtre en premier, cela n'a rien à voir. Non; Je ne l'ai pas sauvé des puddings. Mais c'est toujours la femme qui sauve qui est méprisée. On ne pense qu'à vos belles épouses. Si je devais te ruiner, Caudle, alors tu penserais quelque chose de moi.

« Je ne vais pas dormir. C'est très bien pour vous, qui n'êtes pas plus tôt au lit que vous êtes rapides comme une église ; mais je ne peux pas dormir de cette façon. C'est mon esprit qui m'empêche de dormir. Et après tout, je me sens si heureux ce soir, c'est très dur de ne pas pouvoir jouir de mes pensées.

« *Non : je ne peux pas penser en silence !*

« Il y a beaucoup de plaisir à cela, c'est sûr ! Je n'ai aucun doute que vous pourriez désormais écouter Miss Prettyman - oh, je m'en fiche, je vais parler. C'était un peu plus qu'étrange, je pense, qu'elle soit sur la jetée lorsque le bateau est arrivé. Ha ! elle t'a cherché toute la matinée avec un télescope, je n'en doute pas, elle est assez audacieuse pour tout. Et puis comment elle a ricané et ri quand elle m'a vu, - et a dit 'à quel point j'étais devenu gros' : comme son impudence, je pense. Quoi?

« *Eh bien, elle pourrait le faire ?*

«Mais je sais ce qu'elle voulait; oui, elle aurait aimé me faire fouiller. Elle a ri exprès.

« J'aurais seulement aimé emmener deux de ces chères filles avec moi. Que de choses j'aurais pu coudre dessus ! Non, je n'ai pas honte de faire de mes enfants innocents des passeurs : plus ils avaient l'air innocents, mieux c'était ; mais vous voilà encore avec ce que vous appelez vos principes ; comme si la contrebande n'était pas naturellement donnée à tout le monde. J'en suis sûr, il est né avec nous. Et bien, je les ai trompés ce jour-là. De la dentelle, du velours, des bas de soie et d'autres choses, sans parler des gobelets et des carafes. Non : je n'avais pas l'air de vouloir une direction, de peur que quelqu'un me brise. C'est une autre de ce que vous appelez vos blagues ; mais tu devrais les garder pour ceux qui les aiment . Je ne sais pas.

« *Qu'ai-je fait, après tout* ?

« Je vous l'ai dit : vous ne le saurez jamais, jamais. Oui, je sais que tu aurais été condamné à une amende de cent livres s'ils m'avaient fouillé ; mais je n'ai jamais voulu dire qu'ils devraient le faire. J'ose dire que vous ne feriez pas de contrebande - oh non ! vous ne pensez pas que cela en vaut la peine. Vous êtes un véritable prestidigitateur, Caudle. Ha! Ha! Ha!

« *De quoi est-ce que je ris* ?

« Oh, vous ne le savez pas – une créature si intelligente ! Ha! Ha! Eh bien, maintenant, je vais vous le dire. Je savais à quel point vous étiez un animal peu accommodant, alors je vous ai obligé à faire de la contrebande, que ce soit ou non.

" *Comment* ?

"Eh bien, quand tu étais au *Café* , j'ai acheté ton superbe manteau rugueux, et si je n'avais pas cousu dix mètres du meilleur velours noir sous la doublure , je serais une pécheresse !". Et voir à quel point vous aviez l'air innocent lorsque les officiers vous contournaient ! C'était un moment heureux, Caudle, de te voir.

"Comment appelles-tu cela?

« *Un tour honteux, indigne d'une épouse ? Je ne me soucie pas beaucoup de toi* ?

« Comme si je ne l'avais pas prouvé en te confiant dix mètres de velours. Mais peu m'importe ce que vous dites : j'ai tout sauvegardé, sauf ce beau roman anglais dont j'ai oublié le nom. Et s'ils ne me l'enlevaient pas des mains et ne le coupaient pas en morceaux comme de la viande de chien.

« *M'a servi , n'est-ce pas* ?

« Et quand j'achète si rarement un livre ! Non : je ne vois pas en quoi cela m'a servi. Si vous pouvez acheter en France le même livre pour quatre shillings que les gens d'ici ont l'impudence de demander plus qu'une guinée, eh bien, s'ils le *volent* , c'est leur affaire, pas la nôtre. Comme s'il y avait quelque chose à voler dans un livre !

« Et maintenant, Caudle, quand rentres-tu à la maison ? Quoi?

« *Notre temps n'est pas écoulé* ?

« Cela n'a rien à voir avec ça. Si nous perdons ne serait-ce qu'une semaine de logement - et nous ne le ferons peut-être pas - nous le sauverons en vivant. Mais tu es un tel homme ! Votre maison est le dernier endroit avec vous. Je suis sûr que je n'ai pas le temps de penser à ce qui pourrait arriver. Trois incendies la semaine dernière ; et n'importe qui aurait tout aussi bien pu être chez nous.

« *Non, ce n'est peut-être pas le cas ?*

« Eh bien, tu vois ce que je veux dire – mais tu es un tel homme !

« Je suis sûr aussi que nous en avons assez de cet endroit. Mais rien ne peut t'empêcher d'aller dans les bibliothèques, Caudle. Vous devenez un sacré joueur. Et je ne pense pas que ce soit un bel exemple de donner à vos enfants une tombola comme vous le faites pour des horloges françaises, et je ne sais quoi. Mais ce n'est pas le pire ; on ne gagne jamais rien. Oh j'ai oublié. Oui; un étui à aiguilles que vous avez donné sous mon nez à Miss Prettyman. C'est une bonne chose qu'un homme marié fasse des cadeaux : et à une telle créature aussi ! Un étui à aiguilles ! Je me demande à chaque fois qu'elle a une aiguille dans *la* main !

« Je sais que je me sentirai anxieux si je m'arrête ici. Personne n'est resté dans la maison à part cette Mme Closepeg . Et c'est une femme tellement stupide. Ce n'est qu'hier soir que j'ai rêvé que je voyais notre chat tout à fait squelette, et le canari raide sur le dos au fond de la cage. Tu sais, Caudle, je ne suis jamais heureux quand je suis loin de chez moi ; et pourtant tu resteras ici. Non, la maison est mon confort ! Je ne veux jamais franchir le seuil, et vous le savez. Si des voleurs s'introduisaient par effraction, que pourrait faire Mme Closepeg contre eux ? Et donc, Caudle, tu rentreras chez toi samedi ? Notre chère - chère maison ! Samedi, Caudle ?

« *Ce que j'ai répondu* , dit Caudle, *je l'oublie ; mais je sais que le samedi nous avons été de nouveau embarqués à bord du « Red Rover »*.

CONFÉRENCE XXVIII -
MME. CAUDLE EST RETOURNÉ À LA MAISON. LA MAISON (BIEN SÛR) « PAS DONNE À ÊTRE VUE ». M. CAUDLE, EN AUTODÉFENSE, PREND UN LIVRE

« Après tout, Caudle, c'est quelque chose de retourner dans son propre lit. Je *dormirai* cette nuit. Quoi!

« *Tu en es content ?*

« C'est comme ton ricanement ; Je vois ce que tu veux dire. Bien sûr; Je n'arrive jamais à penser à me mettre à l'aise, mais tu m'as blessé. Si tu prenais soin de ton lit comme n'importe quel autre homme, tu ne serais pas resté dehors jusqu'à cette heure. Ne dites pas que je vous ai chassé de la maison dès que nous y sommes entrés. Je viens juste de parler de la saleté et de la poussière, mais le fait est qu'on serait heureux dans une porcherie ! Je pensais que j'aurais pu faire confiance à cette Mme Closepeg avec un or incalculable ; et tu n'as vu que le foyer ? Quand nous avons quitté la maison, il y avait un tigre dedans : j'aimerais savoir qui pourrait distinguer le tigre, maintenant ? Oh, c'est très bien pour toi de jurer contre le tigre, mais jurer ne fera pas revivre le tapis. Sinon, tu pourrais jurer.

« Vous pourriez sortir et vous installer confortablement dans votre club. Vous ne savez pas combien de fenêtres sont cassées. Combien pensez-vous? Non : je ne vous le dirai pas demain, vous le saurez maintenant. Je suis sûr! Parler de santé à Margate ; toute ma santé s'est envolée dès que je suis entré dans la cuisine. Le bol en porcelaine de ma chère mère est fissuré à deux endroits. J'aurais pu m'asseoir et pleurer en le voyant : un bol dont je me souviens quand j'étais enfant. Hein ?

« *J'aurais dû le fermer à clé, alors ?*

« Oui : c'est votre sentiment pour tout ce qui m'appartient. J'aurais seulement aimé que ce soit ton bol à punch ; mais Dieu merci ! Je pense que c'est ébréché.

« Eh bien, vous n'avez pas répondu à propos des fenêtres – vous ne pouvez pas deviner combien ?

« *Ça ne t'intéresse pas ?*

« Eh bien, si personne d'autre que vous ne prenait froid, cela n'aurait pas d'importance. Six fenêtres nettoyées et trois fêlées !

« *Vous n'y pouvez rien ?*

« Je voudrais savoir d'où viendra l' argent pour les réparer ! On ne les raccommodera pas, c'est tout. Vous verrez alors à quel point la maison aura l'air respectable. Mais je sais très bien ce que vous pensez. Oui; tu en es content. Vous pensez que cela me retiendra à la maison, mais je n'en sortirai plus jamais. Ensuite, vous pourrez aller seul au bord de la mer ; alors, peut-être pourrez-vous être heureux avec Miss Prettyman ? - Maintenant, Caudle, si tu frappes l'oreiller avec ton poing de cette façon, je me lèverai. C'est très étrange que je ne puisse pas citer le nom de cette personne mais que vous commenciez à lutter contre le traversin, et je ne sais quoi. Il doit y avoir quelque chose dedans, sinon vous ne bougeriez pas ainsi. Une mauvaise conscience n'est pas nécessaire - mais vous voyez ce que je veux dire.

« Elle ne viendrait pas en ville pendant une semaine ; et puis, tout d'un coup, elle avait reçu une lettre. J'ose dire qu'elle l'avait fait. Et puis, comme elle l'a dit, ce serait une compagnie pour elle de venir avec nous. Sans aucun doute. Elle pensait que je devrais être de nouveau malade et descendre dans la cabine, mais malgré tout son art, elle ne connaît pas vraiment ma profondeur . Non sans que j'étais malade ; cependant, comme une brute, vous ne le verriez pas.

"Que dites-vous?

" *Bonne nuit amour ?*

« Oui : vous pouvez être très tendre, j'ose dire — comme tout votre sexe — pour servir vos propres fins ; mais je ne peux pas m'endormir la tête pleine de la maison. Le garde-boue du salon ne reviendra plus jamais à lui-même. Je n'ai pas encore compté les couteaux, mais j'ai décidé que la moitié d'entre eux sont perdus. Non : je ne pense pas toujours au pire ; non, et je ne me rends pas malheureux avant l'heure ; mais bien sûr, c'est mon merci de prendre soin de votre propriété. S'il n'y a pas dans les rideaux des araignées grosses comme des noix de muscade, je suis une méchante créature. Pas un balai n'a été vu dans tout l'endroit depuis que je suis parti. Mais dès que je me lève, je ne vais pas fouiller la maison, c'est tout ! Je n'avais pas le cœur de regarder mes cornichons ; mais même si j'ai laissé la porte verrouillée, je suis sûr que les bocaux ont été déplacés. Oui; vous pouvez jurer contre les cornichons lorsque vous êtes au lit ; mais personne ne fait plus de bruit à leur sujet quand on le veut .

« J'espère seulement qu'ils sont allés à la cave à vin : alors vous savez peut-être quels sont mes sentiments. Ce pauvre chat aussi - Quoi ?

« *Tu détestes les chats ?*

« Oui, la pauvre ! parce qu'elle est ma préférée - c'est tout. Si ce chat pouvait seulement parler... Quoi ?

« *Ce n'est pas nécessaire ?*

« Je ne sais pas ce que vous voulez dire, M. Caudle : mais si ce chat pouvait seulement parler, elle me dirait comment elle a été trompée. Pauvre chose! Je sais où est passé l'argent que j'ai laissé pour son lait - je sais. Pourquoi, qu'avez-vous là, M. Caudle ? Un livre? Quoi!

« *Si tu n'as pas le droit de dormir, tu liras ?*

« Eh bien, maintenant, nous en sommes arrivés à quelque chose ! Si ce n'est pas insulter une femme d'apporter un livre au lit, je ne sais pas ce qu'est le mariage. Mais tu ne liras pas, Caudle ; non, tu ne le feras pas ; pas tant que j'ai la force de me lever et d'éteindre une bougie.

« Et c'est comme tes sentiments ! Vous pouvez penser à beaucoup de livres de mensonges ; oui, vous ne pouvez pas trop penser à ce qui est imprimé ; mais pour ce qui est réel et vrai chez toi, eh bien, tu as un cœur de pierre. J'aimerais savoir de quoi parle ce livre. Quoi!

« Le « *Paradis perdu* » *de Milton ?*

« J'ai pensé à des conneries de ce genre – quelque chose pour m'insulter. Un bon livre, je pense, à lire au lit ; et c'était une personne très respectable qui l'a écrit.

« *Que sais-je de lui ?*

« Bien plus que vous ne le pensez. Un très joli garçon, en effet, avec ses six femmes. Quoi?

« *Il n'en avait pas six – il n'en avait que trois ?*

« Cela n'a rien à voir avec ça ; mais bien sûr, vous prendrez son parti. Pauvres femmes ! Un bon moment qu'ils ont passé avec lui, j'ose dire ! Et je n'ai aucun doute, M. Caudle, que vous aimeriez suivre l'exemple de M. Milton ; sinon tu ne lirais pas ce qu'il a écrit. Mais vous ne m'utilisez pas comme il traitait les pauvres âmes qui l'ont épousé. Des poètes, en effet ! Je ferais une loi interdisant à chacun d'entre eux d' avoir une femme, sauf sur papier ; car Dieu aide les chères créatures qui leur sont attachées ! Comme des papillons de nuit innocents attirés par une bougie ! En parlant de bougies, vous ne savez pas que la lampe du couloir est brisée en morceaux ! Je dis que non - m'entendez-vous, M. Caudle ? Tu ne répondras pas ? Sais tu où tu es? Quoi?

« *Dans le jardin d'Eden ?*

"Es-tu? Alors vous n'avez rien à faire là-bas à cette heure de la nuit.

« *Et en disant cela* », écrit Caudle, « *elle s'est précipitée hors du lit et a éteint la nuit* . »

CONFÉRENCE XXIX - MME. CAUDLE PENSE "LE MOMENT EST VENU D'AVOIR UN CHALET HORS DE LA VILLE"

« Oh, Caudle, tu aurais dû avoir quelque chose de gentil ce soir ; car tu ne vas pas bien, mon amour - je sais que tu ne vas pas bien. Ha! c'est comme vous les hommes - si entêtés ! Vous comprendrez que rien ne vous fait de mal ; mais je peux le dire, Caudle. L'œil d'une femme – et d'une femme comme celle que j'ai été pour vous – peut immédiatement voir si son mari va bien ou mal. Vous avez tourné comme du suif toute la semaine ; et en plus, tu ne manges plus rien maintenant. Cela me rend mélancolique de vous voir dans un joint. Je ne dis rien au dîner devant les enfants ; mais je ne le ressens pas moins. Non non; tu ne vas pas très bien ; et tu n'es pas aussi fort qu'un cheval. Ne vous trompez pas, rien de tel. Non, et vous ne mangez plus autant : et si vous le faites, vous ne mangez pas avec délectation, j'en suis sûr. Vous ne pouvez pas me tromper là-bas.

« Mais je sais ce qui te tue. C'est le confinement ; c'est le mauvais air que vous respirez ; c'est la fumée de Londres. Oh oui, je connais votre vieille excuse : vous n'avez jamais trouvé l'air mauvais auparavant. Peut-être pas. Mais à mesure que les gens vieillissent et se lancent dans le commerce - et, après tout, nous n'avons rien à redire, Caudle - l'air londonien est toujours en désaccord avec eux . La santé délicate vient avec l'argent : j'en suis sûr. Quelle couleur vous aviez autrefois, alors que vous aviez à peine six pence ; et maintenant, regarde-toi !

« Cela ajouterait trente ans à votre vie – et pensez quelle bénédiction cela serait pour moi ; non pas que je vivrai un dixième du temps – trente ans, si vous preniez une jolie petite maison quelque part à Brixton.

« *Vous détestez Brixton ?*

« Je dois le dire, Caudle, cela te ressemble tellement : tu ne peux pas vivre dans n'importe quel endroit vraiment distingué. Maintenant, Brixton et Baalam Hill, je les trouve délicieux. Alors sélectionnez ! Là-bas, personne ne rend visite à personne, sauf si c'est quelqu'un. Sans parler des délicieux bancs qui rendent les églises si respectables !

« Cependant, faites ce que vous voulez. Si vous n'allez pas à Brixton, que dites-vous à Clapham Common ? Oh, c'est une très belle histoire ! Ne me le dis jamais ! Non; vous ne seriez pas laissé seul, un Robinson Crusoé avec femme et enfants, parce que vous êtes dans le commerce de détail. Quoi?

« *Les grossistes retraités ne visitent jamais les détaillants retraités de Clapham* ?

"Ha! ce n'est que votre vieux mépris du monde, M. Caudle ; mais je n'y crois pas. Et après tout, les gens devraient rester à leur place, ou pourquoi cette vie était-elle faite ? Supposons qu'un marchand de suif se maintienne au-dessus d'un vendeur de suif, j'appelle cela simplement un véritable orgueil. Quoi?

« *Vous appelez ça l'aristocratie du gras* ?

« Je ne sais pas ce que vous entendez par « aristocratie » ; mais je suppose que ce n'est qu'un autre mot de votre dictionnaire, cela ne vaut guère la peine d'être découvert.

« Que dites-vous à Hornsey ou à Muswell Hill ? Hein ?

" *Trop haut* ?

« Quel homme tu es ! Alors... Battersea ?

" *Trop bas* ?

« Tu es une créature aggravante, Caudle, tu dois l'admettre ! Hampstead, alors ?

" *Trop froid* ?

"Absurdité; ça te soutiendrait comme un tambour, - Caudle ; et c'est ce que tu veux. Mais vous ne méritez pas non plus que quiconque pense à votre santé ou à votre confort. Il y a de jolis endroits, m'a-t-on dit, à propos de Fulham. Maintenant, Caudle, je ne te laisserai pas dire un mot contre Fulham. Ce doit être un endroit agréable : sec et sain, et doté de tout le confort de la vie – sinon est-il probable qu'un évêque y vivrait ? Maintenant, Caudle, aucun de vos principes païens - je ne les entendrai pas . Je pense que ce qui satisfait un évêque doit vous contenter ; mais la politique qu'on apprend dans ce club est épouvantable. A vous entendre parler des évêques, eh bien, j'espère seulement qu'il ne vous arrivera rien, pour le bien des chers enfants !

« Une jolie petite maison et un jardin ! Je le sais, je suis né pour un jardin ! Il y a quelque chose là-dedans qui fait qu'on se sent si innocent. D'une manière ou d'une autre, mon cœur s'ouvre et se ferme toujours aux roses. Et puis quel bon vin de cassis on pourrait faire ! Et encore une fois, procurez-les aussi frais que vous le souhaitez, il n'y a pas de radis comme vos propres radis ! Ils sont dix fois plus sucrés ! Quoi?

« *Et vingt fois plus cher* ?

"Oui; Voilà! Tout ce qui me plaît, vous en parlez toujours.

« Non, M. Caudle, je ne devrais pas m'en lasser dans un mois. Je vous le dis, je suis fait pour le pays. Mais ici vous m'avez gardé - et vous vous êtes beaucoup soucié de ma santé - ici vous m'avez gardé dans ce Londres immonde, où je sais à peine de quoi est faite l'herbe. Vous tenez vraiment à ce que votre femme et votre famille les gardent ici pour qu'ils soient tous fumés comme du bacon. Je peux le voir : cela arrête la croissance des enfants ; ils seront des nains, et ils devront en remercier leur père. Si vous aviez le cœur d'un parent, vous ne supporteriez pas de regarder leurs visages blancs. Cher petit Dick ! il ne prépare pas de petit-déjeuner. Quoi!

« *Il a mangé six tranches ce matin ?*

« Tu dois être un joli père pour les compter . Mais cela n'a rien à voir avec ce que ce cher enfant pourrait faire si, comme les autres enfants, il en avait la chance.

"Ha! et quand nous pourrions être si à l'aise ! Mais c'est toujours le cas, tu ne seras jamais à l'aise avec moi. Comme vous vous présentiez au travail avec douceur et fraîcheur chaque matin ; et quel plaisir cela me ferait de mettre une tulipe ou une rose à votre boutonnière, rien que, si je puis dire, pour vous faire sortir de la campagne.

« Mais alors, Caudle, tu n'as jamais été comme les autres hommes ! Mais je sais pourquoi tu ne quittes pas Londres. Oui je sais. Ensuite, vous pensez que vous ne pouviez pas aller dans votre sale club – c'est tout. Alors tu serais obligé d'être à la maison, comme tout autre homme honnête. Tandis que vous pourriez, si vous le vouliez, vous amuser sous votre propre pommier, et je suis sûr que je ne devrais jamais rien dire de votre tabac dehors. Mon seul souhait est de te rendre heureux, Caudle, et tu ne me laisseras pas faire.

« Tu ne parles pas, mon amour ? Dois-je visiter une maison demain ? Ce sera une journée brisée pour moi, car je sors pour m'ennuyer les oreilles de mon petit animal - Quoi ?

« *Tu ne vas pas lui ennuyer les oreilles ?*

« Et pourquoi pas, je voudrais savoir ?

« *C'est une coutume barbare, sauvage ?*

« Oh, M. Caudle ! plus tôt vous quitterez le monde et vivrez dans une grotte, mieux ce sera. Vous n'êtes plus apte à la société chrétienne. Et ensuite ? Mes oreilles s'ennuyaient et - Quoi ?

« *Et les vôtres ?*

« Je sais ce que tu veux dire, mais ça n'a rien à voir avec ça. Mes oreilles, dis-je, s'ennuyaient, tout comme celles de ma chère mère et de ma grand-mère avant elle ; et je suppose qu'il n'y avait pas plus de sauvages dans notre famille que dans la vôtre, M. Caudle ? En plus, pourquoi les oreilles de la petite bête devraient-elles être nues, pas plus que celles de n'importe laquelle de ses sœurs ? Ils portent des boucles d'oreilles ; vous ne vous êtes jamais opposé auparavant. Quoi?

« *Tu as mieux appris maintenant ?*

« Oui, c'est encore une fois tout cela à cause de votre sale politique. Si vous le vouliez, vous ébranleriez le monde entier dans une boîte à dés : non pas que vous vous souciiez du monde, seulement vous aimeriez avoir un meilleur lancer pour vous-même, c'est tout. Mais le petit animal *va* s'ennuyer et ne pense pas à l'empêcher.

« Je suppose qu'elle doit se marier un jour , ainsi que ses sœurs ? Et qui regarderait une fille sans boucles d'oreilles, j'aimerais le savoir ? Si vous connaissiez un peu le monde, vous sauriez ce qu'une jolie boucle d'oreille en diamant fait parfois - quand on peut l'obtenir - avant cela. Mais je sais pourquoi vous ne pouvez plus supporter les boucles d'oreilles maintenant : Miss Prettyman ne les porte pas ; elle le ferait - je n'en doute pas - si seulement elle pouvait les obtenir . Oui, c'est Miss Prettyman qui...

« Voilà, Caudle, maintenant tais-toi, et je ne parlerai pas davantage des oreilles des animaux pour le moment. Nous en parlerons quand vous serez raisonnable. Je ne veux pas vous mettre en colère, Dieu sait ! Et alors, mon amour, à propos du chalet ? Quoi?

« ' *Ce sera si loin des affaires ?*

« Mais ce n'est pas nécessairement loin, ma chérie. Une assez belle distance ; afin que, lors de vos soirées tardives, vous puissiez toujours être chez vous, souper, vous coucher, et tout cela à onze heures. Hein, ma chérie ?

" *Je ne sais pas ce que j'ai répondu* ", dit Caudle, " *mais je sais ceci : en moins de quinze jours, je me suis retrouvé dans une sorte de cage à oiseaux verte d'une maison, sur laquelle ma femme - douce satiriste - a insisté pour que appelant ' La Tortue Dovery .'*

CONFÉRENCE XXX -
MME. CAUDLE SE PLAINT DE LA « TORTUE DOVERY ». DÉCOUVRE LES COLÉOPTÈRES NOIRES. PENSE QUE CAUDLE DEVRAIT INSTALLER UNE CHAISE « RIEN QUE BIEN »

« Push ! Vous ne m'auriez jamais amené dans un endroit aussi sauvage, M. Caudle, si seulement j'avais pensé à ce que c'était. Oui, c'est vrai : dites-moi à vos dents que c'était mon choix, c'est viril, n'est-ce pas ? Quand j'ai vu l'endroit , le soleil était au rendez-vous et c'était magnifique - maintenant, c'est tout autre chose. Non, M. Caudle ; Je ne m'attends pas à ce que tu commandes au soleil, - et si tu parles de Josué de cette façon infidèle, je quitterai le lit. Non monsieur; Je ne m'attends pas à ce que le soleil soit en votre pouvoir ; mais cela n'a rien à voir. Je parle d'une chose et tu en commences toujours une autre. Mais c'est votre art.

« Je suis sûr qu'une femme ferait aussi bien d'être enterrée vivante que de vivre ici. En fait, je suis enterré vivant ; Je le sens. Je suis resté trois heures à la fenêtre, ce jour béni, et je n'ai vu que le facteur. Non : ce n'est pas dommage que je n'aie pas eu mieux à faire ; J'en ai eu beaucoup : mais c'est mon affaire, M. Caudle. Je suppose que je dois être la maîtresse de ma propre maison ? Sinon, je ferais mieux de le laisser.

« Et dès la première nuit où nous étions ici, vous le savez, les scarabées noirs sont entrés dans la cuisine. Si l'endroit ne semblait pas recouvert d'un tissu noir, je suis un conteur. Pourquoi toussez-vous, M. Caudle ? Je ne vois pas de quoi tousser. Mais c'est juste ta façon de ricaner. Des millions de coléoptères noirs ! Et lorsque l'horloge sonne huit heures, ils sortent. Quoi?

« *Ils sont très ponctuels* ?

"Je sais que. J'aimerais seulement que les autres soient à moitié aussi ponctuels : cela permettrait d'économiser l'argent des autres et leur tranquillité d'esprit. Tu sais que je déteste les scarabées noirs ! Non : je ne déteste pas tellement de choses. Mais je déteste les coléoptères noirs, tout comme je déteste les mauvais traitements, M. Caudle. Et maintenant, j'en ai assez des deux, Dieu sait !

« Hier soir, ils sont entrés dans le salon . Bien sûr, dans une nuit ou deux, ils entreront dans la chambre. Ils seront là – des régiments d' entre eux – sur la couverture. Mais qu'est ce que cela vous intéresse? Rien de pareil ne vous touche jamais : mais vous savez comment ils viennent à moi ; et c'est pourquoi tu es si silencieux. C'est agréable d'avoir des coléoptères noirs dans son lit !

« *Pourquoi je ne les empoisonne pas ?*

« C'est vraiment une jolie affaire d'avoir du poison dans la maison ! Vous devez beaucoup penser aux chers enfants. Un endroit sympa aussi, qu'on appelle le Turtle Dovery !

« *Ne l'ai-je pas baptisé moi-même ?*

« Je le sais, mais je ne connaissais rien des coléoptères noirs. D'ailleurs, les noms des maisons sont destinés au monde extérieur ; non que personne passe voir le nôtre. Mme Digby n'avait-elle pas insisté pour appeler leur nouvelle maison « L'amour dans l'oisiveté », alors que tout le monde savait que ce misérable Digby la battait toujours ? Pourtant, lorsque les gens lisent « Rose Cottage » sur le mur, ils pensent rarement aux nombreuses épines qui se trouvent à l'intérieur. Dans ce monde, M. Caudle, les noms valent parfois aussi bien que les choses.

« Encore cette toux ! Vous avez un rhume, et vous en aurez toujours un - car vous manquerez toujours l'omnibus comme vous l'avez fait mardi - et vous serez toujours mouillé. Aucune constitution ne peut le supporter, Caudle. Vous ne savez pas ce que j'ai ressenti lorsque j'ai entendu la pluie mardi et que j'ai pensé que vous pourriez être dedans. Quoi?

" *Je suis très bon ?*

« Oui, j'en ai confiance : j'essaie de l'être, Caudle. Et donc, chérie, j'ai pensé que nous ferions mieux de garder une chaise.

« *Vous ne pouvez pas vous le permettre, et vous ne le ferez pas ?*

« Ne me dites pas : je sais que vous économiseriez de l'argent grâce à cela. J'ai compté ce que vous exposez dans les omnibus ; et si vous aviez votre propre chaise - outre la noblesse de la chose - vous seriez de l'argent en poche. Et puis, encore une fois, combien de fois je pourrais t'accompagner en ville, - et comment, encore une fois, je pourrais t'appeler quand tu aimais être un peu en retard au club, ma chérie ! Maintenant, tu es obligé de partir en toute hâte, je le sais, alors que, si tu avais seulement une voiture à toi, tu pourrais rester et t'amuser. Et après le travail, vous voulez du plaisir. Bien sûr, je ne peux pas m'attendre à ce que vous couriez toujours directement vers moi : et ce n'est pas le cas, Caudle ; et vous le savez.

« Une jolie petite méridienne soignée et élégante. Quoi?

« *Tu y penseras ?*

« Il y a un amour ! Tu es une bonne créature, Caudle ; et cela me rendra si heureux de penser que vous ne dépendez pas d'un omnibus. Une jolie petite calèche, avec nos propres armes magnifiquement peintes sur les panneaux. Quoi?

« Les armes sont des déchets ; et tu ne sais pas que tu en as ?

«C'est absurde : c'est sûr que c'est le cas - et sinon, bien sûr, il faut les obtenir pour de l'argent. Je me demande d'où viennent les bras du laitier de Chalkpit ? Je suppose que tu peux les acheter au même endroit. Il conduisait une charrette verte ; et maintenant il a une voiture jaune et serrée, avec deux gros chats en écaille de tortue, avec leurs moustaches comme trempées dans de la crème, debout sur leurs pattes de derrière sur chaque porte, avec un tas de latin en dessous. Vous pouvez acheter la voiture s'il vous plaît, M. Caudle ; mais si vos bras ne sont pas là, vous ne me ferez pas entrer. Jamais! Je ne vais pas paraître moins que Mme Chalkpit.

« D'ailleurs, si vous n'avez pas d'armes, je suis sûr que ma famille en a, et les bras d'une femme valent tout aussi bien que ceux d'un mari. J'écrirai demain à ma chère mère, pour savoir ce que nous avons pris pour armes de famille. Que dites-vous? Quoi?

« Un mangle dans une cuisine en pierre, n'est -ce pas ?

"M. Caudle, vous insultez toujours ma famille, toujours : mais vous ne me mettrez pas en colère ce soir. Mais si vous n'aimez pas nos bras, trouvez les vôtres. J'imagine que vous auriez pu les trouver assez vite si vous aviez épousé Miss Prettyman. Eh bien, je vais me taire ; et je ne mentionnerai pas le nom de cette dame. C'est une gentille dame ! Je me demande combien elle dépense en peinture ! Maintenant, je ne vous dis pas que je ne dirai plus un mot, et pourtant vous vous déchaînerez !

« Eh bien, nous aurons la voiture et les armes de la famille ? Non, je ne veux pas non plus des jambes de famille. Ne soyez pas vulgaire, M. Caudle. Vous pourriez peut-être parler ainsi avant de mettre de l'argent à la banque ; mais cela ne vous convient plus du tout maintenant. La calèche et les armes familiales ! Nous avons une maison de campagne ainsi que les Chalkpits ! et bien qu'ils louent leur endroit comme étant un petit paradis, j'ose dire qu'ils ont autant de coléoptères noirs que nous, et même plus. L'endroit y ressemble vraiment !

« Notre voiture et nos armes ! Et tu sais, mon amour, ça ne coûtera pas grand chose – presque rien – de mettre un anneau doré autour du chapeau de Sam un dimanche. Non : je ne veux pas d'une livrée à part entière. Du moins, pas encore. On me dit que les Chalkpits habillent leur garçon le dimanche comme une libellule ; et je ne vois pas pourquoi nous ne devrions pas faire ce que nous aimons avec notre propre Sam. Néanmoins, je me contenterai d'un anneau d'or et d'un peu de poivre et de sel. Non : je ne réclamerai pas de peluche ensuite ; certainement pas. Mais j'aurai un anneau en or, et -

« Vous ne le ferez pas ; et je le sais ?

"Oh oui! c'est une autre de vos conneries, M. Caudle ; comme personne d'autre, vous n'aimez pas les livrées. Je suppose que lorsque les gens achètent leurs draps, ou leurs nappes, ou tout autre linge, ils ont le droit d'indiquer ce qu'ils aiment dessus, n'est-ce pas ? Eh bien? Vous achetez un serviteur et vous marquez sur lui ce que vous aimez, et où est la différence ? Aucun, à ce que *je* vois.

« *Finalement* », dit Caudle, « *j'ai fait un compromis pour un concert ; mais Sam ne portait pas de poivre et de sel ni d'anneau en or* .

CONFÉRENCE XXXI -
MME. CAUDLE SE PLAINT TRÈS AMEREMENT
QUE M. CAUDLE A « BRISÉ SA CONFIANCE ».

« Oh, vous allez me surprendre, M. Caudle, en train de vous répéter n'importe quoi. Maintenant, je ne veux pas avoir de bruit : je ne veux pas que vous vous mettiez en colère. Tout ce que je dis, c'est ceci ; plus jamais je ne vous ouvre les lèvres sur qui que ce soit. Non : si l'homme et la femme ne peuvent pas ne faire qu'un, pourquoi y a-t-il une fin à tout ? Oh, vous savez bien ce que je veux dire, M. Caudle : vous avez brisé ma confiance de la manière la plus honteuse et la plus cruelle, et je le répète : je ne pourrai plus jamais être avec vous comme je l'ai été. Non : le peu de charme - ce n'était pas grand-chose - qui restait de la vie conjugale, a disparu à jamais . Oui; la fleur est maintenant complètement effacée de la prune.

« Ne sois pas si hypocrite, Caudle ; ne me demande pas ce que je veux dire ! Mme Badgerly est venue ici – plus comme une démone, j'en suis sûr, que comme une femme tranquille. Je n'ai pas encore fini de trembler ! Vous connaissez aussi l'état de mes nerfs ; vous savez – oui, monsieur, j'étais *nerveux* lorsque vous m'avez épousé ; et je ne viens pas de les découvrir. Eh bien, vous avez quelque chose à répondre, je pense. Les Badgerly vont se séparer : elle prend les filles, et lui les garçons, et tout cela à travers vous. Comment pouvez-vous poser votre tête sur cet oreiller et penser à vous endormir, je ne peux pas le dire.

" *Qu'avez-vous fait* ?

« Eh bien, vous avez un visage pour poser la question. Fait? Vous avez brisé ma confiance, M. Caudle : vous avez abusé de ma tendresse, de ma confiance en vous en tant qu'épouse - d'autant plus que je suis idiot de mes douleurs ! - et vous avez séparé pour toujours un couple heureux . Non; Je ne parle pas dans les nuages ; Je parle dans ton lit, plus mon malheur.

« Maintenant, Caudle – oui, je m'assiérai dans le lit si je le souhaite ; Je ne vais pas dormir tant que je n'aurai pas expliqué cela correctement ; pour Mme Badgerly je ne mettrai pas sa séparation à ma porte. Vous ne nierez pas que vous étiez au club hier soir ? Non, aussi mauvais que tu sois, Caudle - et bien que tu sois mon mari, je ne peux pas penser que tu es un homme bon ; J'essaie de le faire, mais je ne peux pas. Aussi mauvais que tu sois, tu ne peux pas nier que tu étais au club. Quoi?

« *Vous ne le niez pas* ?

« C'est ce que je dis : vous ne pouvez pas. Et maintenant réponds-moi à cette question. Qu'avez-vous dit - devant le monde entier - des moustaches de M. Badgerly ? Il n'y a pas de quoi rire, Caudle ; si vous aviez vu cette pauvre femme aujourd'hui, vous auriez un cœur de pierre pour rire. Qu'as-tu dit de ses moustaches ? N'as-tu pas dit à tout le monde qu'il les avait teints ? Ne leur as-tu pas tendu la bougie , comme tu l'as dit, pour montrer le violet ?

« Pour en être sûr ?

"Ha! les gens qui font des blagues ne se soucient jamais de briser les cœurs. Badgerly est rentré chez lui comme un démon ; a traité sa femme de fausse femme : il a juré de ne plus jamais coucher avec elle et, pour montrer qu'il était sérieux, il a dormi toute la nuit sur le canapé. Il disait que c'était le secret le plus cher de sa vie ; a dit qu'elle me l'avait dit; et cela je vous l'avais dit; et c'est comme ça que ça s'est passé. Que dites-vous?

« Badgerly avait raison. Je te l'ai dit ?

"Je le sais : mais quand la chère Mme Badgerly en a parlé à moi et à quelques amis, alors que nous riions tous ensemble autour d'un thé, d'une manière tout à fait confidentielle - quand elle vient de parler des moustaches de son mari et de combien de temps il j'en avais dessus tous les matins - bien sûr, la pauvre âme ! elle n'aurait jamais pensé que l'on pourrait en parler à nouveau dans le monde. Hein ?

« Alors je n'avais pas le droit de vous en parler ?

« Et c'est ainsi qu'on me remercie pour ma confiance. Parce que je ne te cache pas de secret, mais que je te montre, pourrais-je dire, mon âme nue, Caudle, c'est ainsi que je suis récompensé. Pauvre Mme Badgerly - malgré tous ses mots durs - après son départ, je suis sûr que mon cœur a saigné pour elle. Qu'en dites-vous, M. Caudle ?

« Cela lui fait du bien — elle devrait tenir sa langue ?

"Oui; c'est comme ta tyrannie : tu ne laisserais jamais une pauvre femme parler. Eh – quoi, quoi, M. Caudle ?

« C'est un très beau discours, j'ose dire ; et les femmes vous sont très reconnaissantes, mais il n'y a pas une once de vérité là-dedans. Non, nous, les femmes, ne nous réunissons pas pour mettre en pièces nos maris, comme parfois des petites filles espiègles déchirent leurs poupées. C'est un vieux sentiment de votre part, M. Caudle ; mais je suis sûr que vous n'avez pas besoin de le dire de moi. J'entends beaucoup parler des maris des autres, certainement ; Je ne peux pas fermer mes oreilles ; J'aimerais pouvoir le faire : mais je ne dis jamais rien sur toi, - et je pourrais le faire, et tu le sais - et il y a quelqu'un d'autre qui le sait aussi. Non : je reste assis et je ne dis rien ; ce que j'ai dans mon sein à ton sujet, Caudle, sera enterré avec moi. Mais je sais ce que tu penses des femmes. Je vous ai entendu parler à M. Prettyman, alors que vous pensiez peu que je l'écoutais, et que vous ne saviez pas grand-chose de ce que vous disiez - je vous ai entendu. « Mon cher Prettyman, dites-vous, quand certaines femmes parlent, elles associent tous les défauts de leurs maris ; tout comme les enfants matraquent leurs gâteaux et leurs pommes, pour faire un festin commun à tout le monde. Hein ?

« *Tu ne t'en souviens pas ?*

"Mais je le sais : et je me souviens aussi du cognac qui restait lorsque Prettyman est parti. Ce serait étrange si vous parveniez à vous en souvenir de beaucoup de choses après cela.

« Et maintenant, vous êtes partis et avez séparé mari et femme, et c'est moi qui en suis responsable. Non seulement vous avez apporté la misère à une famille, mais vous avez aussi brisé ma confiance. Vous m'avez prouvé que désormais je ne dois plus vous confier quoi que ce soit, M. Caudle. Non; J'enfermerai tout ce que je sais dans mon propre sein, car pour l'instant je trouve que personne, pas même son propre mari, n'est fiable. A partir de ce moment, je peux me considérer comme une femme solitaire. Maintenant, ça ne sert à rien d' essayer de dormir. Que dites-vous?

" *Tu le sais ?*

"Très bien. Maintenant, je veux vous poser une question supplémentaire. Hein ?

« *Tu veux m'en poser une ?*

« Très bien, continuez, je n'ai pas peur d'être catéchisée . Je n'ai jamais laissé tomber une syllabe qu'en tant qu'épouse j'aurais dû garder pour moi - non, je n'oublie pas du tout ce que j'ai dit - et ce que vous avez à me demander, dites-le tout de suite. Non, je ne veux pas que tu m'épargnes ; tout ce que je veux, c'est que tu parles.

" *Vous parlerez ?*

« Eh bien, fais-le.

"Quoi?

« *Qui a dit aux gens que vous aviez une fausse dent de devant ?*

« Et c'est tout ? Eh bien, j'en suis sûr, comme si le monde ne pouvait pas le voir. Je sais que je n'en ai parlé qu'une seule fois, mais ensuite j'ai pensé que tout le monde le savait - en plus, j'étais exaspéré de le faire ; oui, aggravé. Je me souviens que c'est ce jour-là, chez Mme Badgerly , que les moustaches des maris sont apparues. Eh bien, après en avoir fini avec eux, quelqu'un a parlé de dents. Sur quoi, Miss Prettyman - une coquine ! elle est née pour détruire la paix des familles, je sais qu'elle l'était : elle était là ; et si j'avais su qu'une telle créature existait... non, je ne divague pas, pas du tout, et j'en arrive à la dent. C'est sûr que c'est beaucoup de choses que vous avez contre moi, n'est-ce pas ? Eh bien, quelqu'un a parlé de dents, lorsque Miss Prettyman, avec un de ses regards insultants, a déclaré "qu'elle pensait que M. Caudle avait les dents les plus blanches qu'elle *ait jamais* vues". Bien sûr, mon sang était en ébullition – celui de toutes les femmes le serait : et je crois que j'aurais pu dire : « Oui, elles allaient assez bien ; mais lorsqu'une jeune dame vantait tant les dents d'un homme marié, elle ne savait peut-être pas que l'une de celles de devant était celle d'un éléphant. Comme son impudence ! - Je *l' ai* déposée pour le reste de la soirée. Mais je vois dans quel humour vous êtes ce soir. Vous n'êtes venu au lit que pour vous disputer, et je ne vais pas vous faire plaisir. Tout ce que je dis, c'est qu'après les méfaits honteux que vous avez commis chez les Badgerly , vous ne briserez plus jamais ma confiance. Jamais – et maintenant vous le savez.

Caudle écrit alors : « *Et ici, elle semblait encline à dormir. Pas un seul instant je n'ai pensé à l'en empêcher* .

CONFÉRENCE XXXII - MME. CAUDLE DISCOURS DES FEMMES DE TOUS LES TRAVAUX ET DES FEMMES EN GÉNÉRAL. M. LE « COMPORTEMENT INFAMEUX » DE CAUDLE IL Y A DIX ANS

« Voilà, je n'ai pas l'intention de dire un mot ce soir, M. Caudle. Non; Je veux m'endormir, si je peux ; car après ce que j'ai enduré aujourd'hui et avec le mal de tête que j'ai, - et si je n'ai pas laissé mes sels odorants sur la cheminée, dans le coin droit au moment où vous entrez dans la chambre - personne ne pouvait le manquer - dis-je, personne ne pouvait le manquer - dans une petite bouteille verte, et - eh bien, tu es là comme une pierre, et je pourrais périr et tu ne bougerais pas. Oh, ma pauvre tête ! Mais il peut s'ouvrir et se fermer, et qu'importe ?

« Oui, c'est comme ton sentiment, juste. Je veux mes sels, et tu me dis qu'il n'y a rien de tel que de rester immobile à cause d'un mal de tête. En effet? Mais je ne vais pas rester tranquille ; alors tu ne le penses pas. C'est exactement comme ça qu'on traite une femme. Mais je connais votre aggravation – je connais votre art. Vous pensez me faire taire à propos de cette minx Kitty, - votre préférée , monsieur ! Sur ma vie, je ne dois pas renvoyer ma propre servante sans - mais elle s'en ira. Si je devais faire tous les travaux moi-même, elle ne devrait pas s'arrêter sous mon toit. Je peux voir à quel point elle me méprise. Je vois beaucoup de choses, M. Caudle, sur lesquelles je choisis de ne jamais ouvrir les lèvres – mais je ne peux pas fermer les yeux. Peut-être que cela aurait été mieux pour ma tranquillité et mon esprit si je le pouvais toujours. Ne dis pas ça. Je ne suis pas une femme stupide et je sais très bien ce que je dis. Je suppose que tu penses que j'ai oublié *ça* Rebecca ? Je sais qu'elle vivait avec nous il y a dix ans - mais qu'est-ce que cela a à voir ? Les choses n'en sont pas moins vraies quand on est vieux, je suppose. Non; et votre conduite, M. Caudle, à cette époque – si c'était il y a cent ans – je ne devrais jamais l'oublier. Quoi?

« *Je serai toujours la même idiote ?*

«J'espère que je le ferai - j'espère que j'aurai toujours les yeux sur moi dans ma propre maison. Maintenant, ne pense pas à aller dormir, Caudle ; parce que, comme vous avez évoqué cette Rebecca, vous m'écouterez. Eh bien, je me demande si vous pouvez la nommer ! Hein ?

« *Tu ne l'as pas nommée ?*

« Cela n'a rien à voir du tout ; car je sais aussi bien ce que vous pensez que si vous le saviez. Je suppose que vous direz que vous ne lui avez pas bu un verre de vin ?

" *Jamais* ?

« C'est ce que tu disais à l'époque, mais j'y pense depuis dix longues années, et plus j'y pense, plus j'en suis sûr. Et à ce moment précis – s'il vous plaît, rappelez-vous – à ce moment précis, le petit Jack était un bébé. Je n'aurais pas dû m'en soucier autant sans cela ; mais à peine il courait seul, que vous avez hoché la tête et bu un verre de vin à cette créature. Non; Je ne suis pas en colère et je ne rêve pas. J'ai vu comment vous avez fait, et l'hypocrisie n'a fait qu'empirer les choses. Je t'ai vu alors que la créature était juste derrière ma chaise ; tu as pris un verre de vin et tu m'as dit : « Margaret », puis tu as levé les yeux vers cette audacieuse coquine et tu as dit « ma chère », comme si tu voulais me faire croire que tu ne parlais qu'à moi, quand Je pouvais te voir te moquer d'elle derrière moi. Et à ce moment-là, le petit Jack n'était pas debout. Que dites-vous?

« *Le ciel me pardonne* ?

"Ha! Monsieur Caudle, c'est vous qui devriez demander cela : je suis assez en sécurité, je le suis : c'est vous qui devriez demander à être pardonné.

« Non, je ne calomnierais pas un saint - et je n'ai pas enlevé le caractère de la fille pour rien. Je sais qu'elle a intenté une action pour ce que j'ai dit ; et je sais que tu as dû payer des dommages et intérêts pour ce que tu appelles ma langue - je me souviens bien de tout cela. Et je vous servirai bien ; si tu ne t'étais pas moqué d'elle, cela ne serait pas arrivé. Mais si vous voulez vous libérer de telles personnes, vous êtes sûr d'en souffrir. — Cela vous aurait été bien utile si la facture de l'avocat avait été double. Des dégâts, en effet ! Non pas que la langue de qui que ce soit aurait pu lui faire du mal !

« Et maintenant, M. Caudle, vous êtes le même homme qu'il y a dix ans. Quoi?

« *Vous l'espérez* ?

«Plus c'est honteux pour toi. À votre époque de vie, avec tous vos enfants qui grandissent autour de vous, pour -

« *De quoi je parle* ?

"Je sais très bien; et vous le feriez aussi , si vous aviez une conscience, ce qui n'est pas le cas. Quand je dis que je vais renvoyer Kitty, vous dites que c'est une très bonne servante, et je n'obtiendrai pas mieux. Mais je sais pourquoi tu la trouves bonne ; vous la trouvez jolie, et cela vous suffit ; comme si les filles qui travaillent pour gagner leur pain avaient pour mission d'être jolies, ce qui n'est pas le cas. De jolies servantes, en effet ! ils se démènent avec leurs visages fall-lal , comme si même les mouches allaient les gâter . Mais je sais à quel point vous êtes un mauvais homme – maintenant, cela ne sert à rien de le nier ; car ne vous ai-je pas entendu parler à M. Prettyman, et n'avez-vous pas dit que vous ne supportiez pas d'avoir de vilains serviteurs autour de vous ? Je te le demande, tu n'as pas dit ça ?

« Peut-être que oui ?

« Tu ne rougis pas de l'avouer ? Si vos principes, M. Caudle, ne suffisent pas à glacer le sang d'une femme !

"Oh oui! vous avez parlé de ces choses encore et encore ; et une fois j'aurais pu le croire ; mais je vous connais un peu plus maintenant. Vous aimez voir de jolis serviteurs, tout comme vous aimez voir de jolies statues, de jolis tableaux, de jolies fleurs et tout ce qui est joli dans la nature, juste, comme vous dites, pour que les yeux se nourrissent. Oui; Je connais tes yeux, - très bien. Je sais ce qu'ils étaient il y a dix ans ; car est-ce que j'oublierai jamais ce verre de vin quand le petit Jack était dans les bras ? Peu m'importe si c'était il y a mille ans, c'est aussi frais qu'hier, et je ne cesserai jamais d'en parler. Quand tu me connais, comment peux-tu me le demander ?

« Et maintenant vous insistez pour garder Kitty, alors que vous n'avez pas un peu de vaisselle pour elle ? Cette fille ferait sauter la Banque d'Angleterre – je sais qu'elle le ferait – si elle mettait la main dessus. Mais qu'est-ce qu'un ensemble de porcelaine bleue pour ses beaux yeux bleus ? Je sais que c'est ce que tu veux dire, même si tu ne le dis pas.

"Oh, tu n'as pas besoin de gémir là, car tu ne penses pas que j'oublierai un jour Rebecca. Oui, - c'est très bien pour vous d'insulter Rebecca maintenant, - mais vous ne l'avez pas injuriée à l'époque, M. Caudle, je sais. "Margaret, ma chérie!" Eh bien, comment peux-tu avoir un visage pour me regarder -

« Tu ne me regardes pas ?

«Plus c'est honteux pour toi.

«Je peux seulement dire que soit Kitty quitte la maison, soit c'est moi qui le fais. Lequel sera-t-il, M. Caudle ? Hein ?

« Ça ne t'intéresse pas ? Les deux ?

« Mais vous n'allez pas vous débarrasser de moi de cette manière, je peux vous le dire. Mais pour cette garce - maintenant, tu peux jurer et délirer comme tu veux -

« Vous n'avez pas l'intention de dire un mot de plus ?

"Très bien; peu importe ce que vous dites : son quart est fini mardi, et elle doit partir. Une assiette creuse et un bassin sont partis hier.

« Une assiette creuse et une bassine, et quand j'ai un mal de tête comme j'en ai, M. Caudle, me déchire en morceaux ! Mais je ne serai jamais bien dans ce monde – jamais. Une assiette creuse et une bassine !

« *Elle a dormi* », écrit Caudle, « *et la pauvre Kitty est partie mardi* ».

CONFÉRENCE XXXIII - MME. CAUDLE A DÉCOUVERT QUE CAUDLE EST UN DIRECTEUR FERROVIAIRE

« Quand j'ai pris le journal aujourd'hui, Caudle, tu aurais pu me renverser avec une plume ! Ne soyez pas hypocrite, vous savez ce qui se passe. Et lorsque vous n'aurez pas de lit sur lequel vous allonger et que vous serez amenés à dormir sur des sacs de charbon - et alors je pourrai vous dire, M. Caudle, vous pourrez dormir seul - alors vous saurez quel est le problème. Maintenant, j'ai vu votre nom, et ne le nie pas. Oui, - le chemin de fer de l'Eel-Pie Island - et parmi les directeurs, Job Caudle, Esq., du Turtle- Dovery , et - non, je ne me tairai pas. Ce n'est pas souvent le cas, Dieu sait ! - que je parle ; mais vu ce que je fais, je ne me tairai pas.

" *Qu'est ce que je vois* ?

«Eh bien, là, M. Caudle, au pied du lit, je vois tous les enfants bénis en lambeaux - je vous vois dans une prison , et les tapis pendaient aux fenêtres.

« Et maintenant je sais pourquoi vous parlez dans votre sommeil de voie large et étroite ! Je n'arrivais pas à comprendre ce que tu pensais - mais maintenant c'est sorti. Ha! M. Caudle, il y a quelque chose à propos d'une voie large et étroite dont j'aimerais que vous vous souveniez - mais vous êtes devenu un véritable païen : oui, vous ne pensez plus qu'à l'argent maintenant.

« *Est-ce que je n'aime pas l'argent* ?

« Bien sûr que oui ; mais alors j'aime quand j'en suis certain ; aucun risque pour moi. Oui, c'est très bien de parler de fortunes faites en un rien de temps : c'est comme des chemises faites en un rien de temps - c'est dix contre un si elles restent longtemps ensemble.

« Et maintenant, la raison pour laquelle vous ne pouvez ni manger, ni boire, ni dormir, ni faire quoi que ce soit est assez claire. Tout votre esprit est consacré aux chemins de fer ; car vous ne me ferez pas croire que l'île Eel-Pie est la seule. Oh non! Je peux le voir à votre apparence. Pourquoi, en peu de temps, si vous n'avez pas autant de rides sur le visage que de rides tracées ! Chacun de vos traits semble coupé — et tous semblent voyager les uns des autres. Il y a six mois, Caudle, tu n'avais pas une ride ; oui, tu aurais une joue aussi lisse que n'importe quelle porcelaine , et maintenant ton visage est comme la carte de l'Angleterre.

« À votre époque de vie aussi ! Vous qui étiez pour toujours être petit et sûr ! Vous pourrez ainsi faire fortune avec votre argent ! C'est le chien de l'agent de change de Flam Cottage. Il vous a mordu, j'en suis sûr. Vous n'êtes pas apte à gérer votre propre propriété maintenant ; et je ne jouerais le rôle d'une bonne épouse que si j'appelais les médecins fous.

« Eh bien, je ne connaîtrai plus jamais le repos maintenant. Après cela, personne ne frappera à la porte sans que je pense que c'est l'homme qui vient en prendre possession. Les Chalkpits auront de quoi rire quand nous serons vendus. Je crois que je les vois ici, enchérissant sur tous nos petits articles de sectarisme et de vertu, et... de quoi riez-vous ?

« *Ce ne sont pas de l'intolérance et de la vertu ; mais bijouterie et vertu ?*

« C'est pareil : seulement tu n'es jamais aussi heureux que quand tu me prends.

« Si je peux prédire ce qui arrive au monde, je suis un pécheur ! Tout le monde est pour transformer ses liards en doubles souverains et tromper ses voisins sur la balance. Et toi aussi, tu es hors de toi, Caudle, j'en suis sûr. Je t'ai observé quand tu me croyais profondément endormi. Et puis vous vous êtes allongé, vous avez chuchoté et chuchoté, puis vous vous êtes serré dans vos bras et vous avez ri des montants du lit, comme si vous les aviez vus transformés en or souverain. Je crois que l'on pense parfois que le patchwork est constitué de billets de banque de mille livres.

« Eh bien, lorsque nous serons amenés à l'Union, alors vous découvrirez votre erreur. Mais ce serait pour moi une piètre satisfaction de vous en parler chaque soir. Quoi, M. Caudle ?

« *Ils ne me laissent pas vous en parler ?*

« Et vous appelez cela 'un peu de réconfort' ? Et après la femme que j'ai été avec toi ! Mais maintenant je me souviens. Je pense vous avoir déjà entendu faire l'éloge de cette Union; cependant, comme un imbécile affectueux comme je l'ai toujours été, je n'en ai jamais soupçonné la raison.

« Et maintenant, bien sûr, jour et nuit, tu ne seras jamais chez toi. Non, vous vivrez et dormirez à Eel-Pie Island ! Je serai laissé seul avec rien d'autre que mes pensées, pensant quand le courtier viendra, et vous serez avec vos frères directeurs. Je peux travailler comme esclave et travailler dur pour économiser six pence ; et vous en jetterez des centaines. Et puis les goûts chers que vous avez ! Rien d'assez bien pour toi maintenant. Je suis sûr que vous vous prenez parfois pour le roi Salomon. Mais cela vient du fait de gagner de l'argent – si toutefois vous en avez gagné – sans le gagner. Non; Je ne dis pas de bêtises : les gens *peuvent* gagner de l'argent sans en gagner. Et quand ils le font, eh bien, c'est comme prendre beaucoup de spiritueux d'un seul coup ; ça leur vient à l'esprit, et ils ne savent pas de quoi ils parlent. Et vous êtes dans cet état maintenant, M. Caudle : j'en suis sûr, grâce à vous. Il y a un ivresse dans la poche aussi bien que dans l'estomac - et vous êtes dans cet état en ce moment même.

« Ce n'est pas que cela me dérangerait autant – du moins, si vous *avez* gagné de l'argent – que vous vous arrêtiez à la ligne Eel-Pie. Mais je sais ce que sont ces choses : elles sont comme la mélasse pour les mouches : quand les hommes sont bien dedans , ils ne peuvent pas en sortir : ou, s'ils le font, c'est souvent sans plume pour voler. Non : si vous avez vraiment gagné de l'argent grâce à la lignée Eel-Pie et que vous me le donnez pour que je m'occupe de vos chers enfants, eh bien, peut-être, mon amour, je n'en dirai pas davantage. Quoi?

« *Une absurdité* ?

« Oui, bien sûr : je ne vous demande jamais d'argent, mais c'est le mot.

« Et maintenant, arrêtez-vous à la ligne Eel-Pie ! Oh non; Je connais ton esprit aggravant. Dans un jour ou deux, je verrai une autre belle floraison dans le journal, avec une proposition pour une succursale de l'île Eel-Pie à la Chelsea Bun-house. Donnez-vous un mile de rail, et – je vous connais, les hommes – vous en prendrez une centaine. Eh bien, si ça ne me faisait pas frémir de lire ces trucs dans le journal, - et votre nom dessus ! Mais je suppose que c'était l'œuvre de M. Prettyman ; car son précieux nom est parmi eux . Comment dites-vous aux gens « que les tartes à l'anguille sont désormais devenues un élément essentiel de la civilisation » - j'ai appris tous les mots par cœur, pour pouvoir vous les dire - « que la population orientale de Londres est coupée des bénédictions » d'un tel nécessaire - et qu'au moyen de la ligne projetée, les tartes à l'anguille seront ramenées dans les affaires et au sein de Ratcliff Highway et des dépendances adjacentes. Eh bien, lorsque vous les hommes – les seigneurs de la création, comme vous vous appelez – vous réunissez pour former une société, ou quelque chose de ce genre, y a-t-il un livre d'histoire qui puisse vous venir ? C'est pourquoi vous vous regardez solennellement en face et, sans même bouger les coins de vos bouches, vous faites les poches les uns des autres. Non, je n'utilise pas de mots durs, M. Caudle, mais seulement des mots appropriés.

« Et c'est ce que je *dois* dire. Quoi que vous ayez, je ne m'en porte pas mieux. Vous ne me donnez jamais aucune de vos actions Eel-Pie. Que dites-vous?

« *Tu m'en donneras* ?

« Non, je n'aurai rien à voir avec une méchanceté de ce genre. Si, comme tout autre mari, vous choisissez de me jeter une grosse somme d'argent, quoi ?

« *Tu y penseras* ? *Quand les Eel-Pies montent-elles* ?

"Alors je sais ce qu'ils valent - ils ne rapporteront jamais un sou."

« *Elle se tut soudain* » - écrit Caudle - « *et je m'endormais quand elle me donna un coup de coude et cria : « Caudle, tu penses qu'ils seront debout demain ? »*

CONFÉRENCE XXXIV -
MME. CAUDLE, SUSPECTANT QUE M. CAUDLE A FAIT SON TESTAMENT, EST « UNIQUEMENT SOUCIEUX, EN TANT QU'ÉPOUSE », DE CONNAÎTRE SES DISPOSITIONS

« Là, j'ai toujours dit que tu avais un esprit fort quand tu voulais, Caudle ; et ce que vous venez de faire le prouve. Certaines personnes ne font pas de testament parce qu'elles pensent qu'elles doivent mourir immédiatement après. Maintenant, tu es au-dessus de ça, mon amour, n'est-ce pas ? Absurdité; tu sais très bien ce que je veux dire. Je sais que ton testament est rédigé, car Scratcherly me l'a dit. Quoi?

« *Vous n'y croyez pas ?*

« Eh bien, j'en suis sûr ! C'est une jolie chose qu'un homme dise à sa femme. Je sais qu'il est trop homme d'affaires pour parler ; mais je suppose qu'il y a une façon de dire les choses sans les dire. Et quand je lui ai posé la question, tout avocat qu'il est, il n'a pas eu le visage pour le nier.

« Bien sûr, peu importe que votre testament soit fait ou non. Je ne serai pas en vie, M. Caudle, pour vouloir quoi que ce soit : je serai pourvu pendant longtemps avant que votre volonté ne soit d'aucune utilité. Non, M. Caudle, je ne vous survivrai pas : et bien qu'une femme ait tort de laisser connaître son affection pour un homme, car elle en profite toujours, même si je sais que c'est insensé et faible de le dire, je ne veux toujours pas te survivre. Comment devrais-je? Non non; ne dis pas ça : je ne suis pas bon pour cent, je ne te verrai pas dehors, et un autre mari aussi. Quelle idée dégoûtante, Caudle ! Imaginer que je penserais un jour à me remarier. Non jamais! Quoi?

« *C'est ce que nous disons tous ?*

"Pas du tout; bien au contraire. Pour moi, l'idée même d'une telle chose est horrible, et l'a toujours été. Oui, je sais très bien que certains se marient à nouveau – mais de quoi ils sont faits, je suis sûr que je ne peux pas le dire. Pouah!

« Il y a des hommes, je sais, qui laissent leurs biens de telle manière que leurs veuves, pour les conserver, doivent entretenir des veuves. Or, s'il y a quelque chose au monde qui soit mesquin et petit, c'est bien cela. Tu ne le penses pas aussi, Caudle ? Pourquoi tu ne parles pas, mon amour ? C'est tellement comme toi ! Je n'ai jamais envie d'une petite conversation calme et rationnelle, mais tu veux t'endormir. Mais tu n'as jamais été comme les autres hommes ! Quoi?

" *Comment puis-je savoir* ?

« Voilà maintenant – cela ressemble tellement à votre manière aggravante. Je n'ouvre jamais les lèvres sur un sujet mais tu essaies de me rebuter. Je suis convaincu que lorsque Miss Prettyman parle, vous pourrez *lui répondre* correctement. Et voilà, encore une fois ! Sur ma vie, c'est *étrange* ; mais je ne pourrai jamais, de la manière la plus innocente, mentionner le nom de cette personne -

« *Pourquoi je ne peux pas la laisser tranquille* ?

« J'en suis sûr – de tout mon cœur ! Qui veut parler d'elle ? Non : seulement, vous direz toujours quelque chose qui évoquera certainement son nom.

« Qu'est-ce que je disais, Caudle ? Oh, à propos de la façon dont certains hommes lient leurs veuves. À mon avis, il n'y a rien de si petit. Lorsqu'un homme interdit à sa femme de se remarier sans perdre ce qu'il laisse, c'est ce que j'appelle de l'égoïsme après la mort. Méchant jusqu'à un certain point ! C'est comme emmener sa femme dans la tombe avec lui. Hein ?

« *Tu ne veux jamais faire ça* ?

« Non, j'en suis sûr, mon amour : tu n'es pas homme à attacher une femme de cette manière mesquine. Un homme qui ferait cela ferait brûler sa veuve avec lui, s'il le pouvait – tout comme le font ces monstres qui se disent hommes aux Indes.

« Cependant, peu m'importe la manière dont vous avez rédigé votre testament ; mais c'est peut-être à votre seconde femme. Quoi?

« *Je ne te donnerai jamais de chance* ?

"Ha! tu ne connais pas ma constitution après tout, Caudle. Je ne suis pas du tout la femme que j'étais. Je n'en dis rien , mais très souvent, on ne connaît pas mes sentiments. Et puisque nous y sommes, ma chérie, je n'ai qu'une faveur à te demander. Quand tu te remarieras, ça ne sert à rien de dire ça. Après le confort que vous avez connu du mariage, pourquoi soupirez-vous, ma chère ? - après le confort, tu dois te marier à nouveau - maintenant ne t'absente pas de cette manière violente, en prêtant un serment que tu sais que tu dois rompre - tu n'as pas pu t'en empêcher, j'en suis sûr ; et je te connais mieux que tu ne te connais toi-même. Eh bien, tout ce que je demande, c'est, mon amour, parce que c'est seulement pour ton bien, et cela ne ferait aucune différence pour moi alors - comment cela devrait-il le faire ? - mais tout ce que je demande c'est de ne pas épouser Miss Pret - Voilà ! là! C'est fait : je n'en dirai plus un mot ; mais tout ce que je demande, c'est de ne pas le faire.

Après la façon dont on t'a considéré et après le confort auquel tu as été habitué, Caudle, elle ne serait pas la femme qu'il te fallait. Bien sûr, je pourrais alors ne pas m'intéresser à cette affaire - vous pourriez épouser la reine d'Angleterre, car ce que cela serait pour moi alors - je ne m'inquiète que pour vous. Attention, Caudle, je ne dis rien contre elle ; pas du tout; mais il y a une légèreté dans ses manières - j'ose dire, la pauvre, elle ne veut pas de mal, et ce n'est peut-être, comme on dit, que ses manières après tout - néanmoins, il y a une légèreté chez elle qui, après ce que vous... à laquelle j'ai été habitué, vous rendrait très malheureux. Maintenant, si je peux me vanter de quelque chose, Caudle, c'est mon comportement tout au long de ma vie. Je sais que les épouses très exigeantes ne sont pas aussi bien considérées que celles qui ne le sont pas - et pourtant, ce n'est presque rien d'être vertueux, si les gens ne le semblent pas. Et la vertu, Caudle – non, je ne vais pas prêcher sur la vertu, car je ne le fais jamais. Non; et je ne me promène pas avec ma vertu, comme un enfant avec un tambour, en faisant toutes sortes de bruits avec. Mais je connais vos principes. Je n'oublierai jamais ce que je t'ai entendu dire un jour à Prettyman : et ce n'est pas une excuse pour que tu aies bu tellement de vin que tu ne savais pas ce que tu disais à ce moment-là ; car le vin fait ressortir la méchanceté de l'homme, comme le feu fait ressortir les taches de graisse.

" *Qu'est-ce que vous avez dit ?*

"Eh bien, tu as dit ceci : - 'La vertu est une belle chose chez les femmes, quand elles n'en font pas tant de bruit : mais il y a des femmes qui pensent que la vertu leur a été donnée , comme des griffes ont été données aux chats' - oui, chats était le mot - « avec qui rien faire d'autre que gratter ». C'est ce que vous avez dit.

« *Vous n'en rappelez pas une syllabe ?*

"Non c'est ça; quand on est dans cet état épouvantable, on ne se souvient de rien : mais c'est une bonne chose que je le fasse.

« Mais nous n'en parlerons pas, mon amour, c'est fini : j'ose dire que tu ne voulais rien dire. Mais je suis content que vous soyez d'accord avec moi, que l'homme qui voudrait lier sa veuve pour qu'elle ne se remarie pas est un homme méchant. Cela me rend heureux que vous ayez confiance en moi pour dire cela.

« *Tu ne l'as jamais dit ?*

"Cela n'a rien à voir avec ça - tu as juste dit. Non : lorsqu'un homme laisse tous ses biens à sa femme, sans lui lier les mains pour ne pas se remarier, il montre à quel point il dépend de son amour. Il prouve au monde entier quelle épouse elle a été pour lui ; et comment, après sa mort, il sait qu'elle le pleurera. Et puis, bien sûr, un second mariage ne lui vient jamais à l'esprit. Mais alors qu'elle ne garde son argent que tant qu'elle reste veuve, eh bien, elle est exaspérée de prendre un autre mari. Je suis sur et certain; Beaucoup de femmes pauvres ont été contraintes de se remarier, uniquement parce qu'elles y avaient été contrariées par la volonté de leur mari. Il est tout à fait naturel de le supposer. Si je pensais, Caudle, que tu pouvais faire une telle chose, même si cela me briserait le cœur, - pourtant, même si tu étais mort et parti, je te montrerais que j'ai un esprit et me remarierais directement. Ce n'est pas qu'il soit ridicule de parler ainsi, car j'irai longtemps avant vous ; cependant, retenez bien mes paroles, et ne me provoquez pas avec une volonté de ce genre, sinon je le ferais – comme je suis une femme vivante dans ce lit ce soir, je le ferais.

« *Je ne l'ai pas contredite* », dit Caudle, « *mais je l'ai laissée dormir avec une telle assurance* .»

CONFÉRENCE XXXV -
MME. CAUDLE « A ÉTÉ DIT » QUE CAUDLE A « PRIS DE JOUER » AU BILLARD

« Ah, tu es très tard ce soir, ma chérie.

« Il n'est pas tard ?

« Eh bien, ce n'est pas le cas, c'est tout. Bien sûr, une femme ne peut jamais savoir quand il est tard. Vous étiez également en retard mardi ; un peu tard le vendredi précédent ; le mercredi précédent - maintenant, vous n'avez pas besoin de vous retourner de cette manière ; Je ne dirai rien – non ; car je vois que cela ne sert plus à rien. Autrefois, je l'avoue, ça m'inquiétait que tu restais dehors ; mais c'est fini : tu m'as maintenant amené à cet état, Caudle - et c'est entièrement de ta faute - que je m'en fiche que tu rentres un jour à la maison ou non. Je n'aurais jamais pensé que je pourrais être amené à penser si peu à vous ; mais vous l'avez fait : vous marchez sur le ver depuis vingt ans, et il est enfin retourné.

« Maintenant, je ne vais pas me disputer ; c'est fini : je ne me sens pas assez pour que tu te disputes, - Je ne le fais pas, Caudle, aussi vrai que je suis dans ce lit. Tout ce que je veux de toi, c'est - n'importe quel autre homme parlerait à sa femme et ne resterait pas là comme une bûche - tout ce que je veux, c'est ça. Dis-moi juste où tu étais mardi ? Vous n'étiez pas chez votre chère mère , même si vous savez qu'elle ne va pas bien, et vous savez qu'elle pense laisser son argent à ses chers enfants ; mais tu n'as jamais eu de sentiment pour quelqu'un qui m'appartienne. Et tu n'étais pas à ton Club : non, je le sais. Et vous n'étiez dans aucun théâtre.

" Comment puis-je savoir ?

« Ha, M. Caudle ! J'aimerais seulement ne pas savoir. Non; vous n'étiez à aucun de ces endroits ; mais je sais assez bien où tu étais.

« Alors pourquoi est-ce que je demande si je sais ?

« C'est ça : juste pour prouver à quel point tu es hypocrite : juste pour te montrer que tu ne peux pas me tromper.

« Alors, M. Caudle, vous êtes devenu joueur de billard, monsieur.

" Juste une fois ?

« Cela suffit : autant jouer mille fois ; car tu es un homme perdu, Caudle. Une seule fois, en effet ! Je me demande, si je devais dire « Une seule fois », que me dirais-tu ? Mais bien sûr, un homme ne peut rien faire de mal.

« Et vous êtes un seigneur de la création, M. Caudle ; et vous pouvez rester à l'écart du confort de votre feu béni et de la société de votre propre femme et de vos enfants - même si, bien sûr, vous n'y avez jamais pensé - pour pousser des boules d'ivoire avec un long bâton sur une table verte - tissu. Le plaisir qu'un homme peut prendre dans de telles choses doit étonner toute femme sensée. Je te plains, Caudle !

« Et vous ne pouvez rien faire d'autre que fabriquer des « canons » - car c'est le charabia qu'on dit au billard - quand il y a le jeu viril et athlétique du cribbage, comme l'appelait ma pauvre grand-mère, dans votre propre foyer. Vous pouvez aller dans une salle de billard - vous, commerçant respectable, ou comme vous vous y préparez, car si le monde savait tout, il y a très peu de respectabilité en vous - vous pouvez aller jouer au billard avec un groupe de créatures dans moustaches, quand tu pourrais me tendre une main tranquille à la maison. Mais non! tout sauf un crèche avec ta propre femme !

« Caudle, tout est fini maintenant ; tu es allé à la destruction. Je n'ai jamais vu un homme entrer dans une salle de billard sans être perdu à jamais . Il y avait mon oncle Wardle ; un homme meilleur n'a jamais rompu le pain de la vie : il s'est mis au billard et il n'a pas vécu avec sa tante un mois après.

« *Un veinard* ?

« Et c'est comme ça qu'on appelle un homme qui quitte sa femme : un « homme chanceux » ? Mais, bien sûr, à quoi puis-je m'attendre ? Nous ne serons pas ensemble longtemps, maintenant : cela fait un certain temps, mais enfin il faut nous séparer : et la femme que j'ai été pour toi !

« Mais je sais de qui il s'agit ; c'est ce démon Prettyman. Je le *traiterai* de démon, et je ne suis pas du tout une femme stupide : vous n'auriez pas plus pensé au billard qu'à une oie, sans lui. Maintenant, ça ne sert à rien, Caudle, que tu me dises que tu n'y es allé qu'une seule fois, et que tu ne peux pas frapper une balle de toute façon - tu t'en remettras bientôt ; et puis tu ne seras jamais à la maison. Tu seras un homme marqué, Caudle ; oui, marqué : il y aura chez toi quelque chose qui sera affreux ; car si je ne pouvais reconnaître un joueur de billard à son aspect, je n'ai pas d'yeux, c'est tout. Ils ont tous l' air jaunes comme du parchemin et portent des moustaches - je suppose que vous allez laisser pousser les vôtres maintenant ; même s'ils seront très troublés à venir. Je sais que. Oui, ils ont tous un air jaune et sournois ; juste pour tous comme s'ils étaient les cousins germains de gens qui font les poches. Et ce sera ton cas, Caudle : dans six mois, les chers enfants ne connaîtront plus leur propre père.

« Eh bien, si je me connaissais un peu, j'aurais pu supporter autre chose que le billard. Les compagnons que vous trouverez ! Les capitaines qui vous emprunteront toujours cinquante livres ! Je vous le dis, Caudle, une salle de billard est un endroit où la ruine de toutes sortes est rendue facile, puis-je dire, à l'entendement le plus bas, de sorte que vous ne pouvez pas la manquer. C'est une chapelle de facilité dans laquelle le diable peut prêcher - ne me dites pas de ne pas être éloquent : je ne sais pas ce que vous voulez dire, M. Caudle, et je serai aussi éloquent que je le souhaite. Mais je ne parviens jamais à ouvrir les lèvres – et ce n'est pas souvent le cas, Dieu sait ! - que je ne suis pas insulté.

« Non, je ne resterai pas silencieux sur cette question ; Je ne le ferai pas, Caudle : sur aucun autre, je ne dirais pas un mot - et tu le sais - si tu ne l'aimais pas ; mais c'est sur ce sujet que je *parlerai* . Je sais que tu ne peux pas jouer au billard ; et je n'ai jamais pu apprendre. J'ose dire non ; mais c'est encore pire, car regardez l'argent que vous perdrez ; voyez la ruine à laquelle vous serez amené. Ça ne sert à rien que tu me dises que tu ne joueras pas, maintenant tu n'y peux rien. Et bien, tu seras dévoré. Ne me parle pas ; ma chère tante m'a tout raconté. Les nombreux types qui vont chaque jour dans les salles de billard pour dîner, tout comme un renard se faufile dans la cour d'une ferme pour chercher une grosse oie autour de lui - et ils vous dévoreront, Caudle ; Je sais qu'ils le feront.

« Des boules de billard, en effet ! Eh bien, à mon époque, j'ai visité Woolwich Arsenal - vous étiez alors un peu comme un homme, car c'était juste avant notre mariage - et puis j'ai vu toutes sortes de bals ; des montagnes d' entre eux , pour être abattus sur les églises et dans les habitations paisibles des gens, brisant la porcelaine , et personne ne sait quoi - je dis, j'ai vu toutes ces balles - eh bien, je sais que je l'ai déjà dit ; mais je choisis de le répéter – et il n'y en a pas un seul , aussi ferreux soient-ils, qui puisse faire la moitié des dégâts d'une boule de billard. C'est un boulet, Caudle, qui a traversé le cœur de nombreuses femmes, sans parler de ses enfants. Et c'est un bal, avec lequel vous détruirez votre famille nuit et jour. Ne me dis pas que tu ne joueras pas ! Quand un homme s'y adonne, comme disait ma pauvre tante, le diable le tente toujours avec une balle, comme il a tenté Ève avec une pomme.

« Je ne penserai plus jamais à être heureux. Non; c'est tout à fait hors de question. Vous serez là tous les soirs – je sais que vous le serez, mieux que vous, alors ne le niez pas – tous les soirs sur ce méchant drap vert. Vert, effectivement ! C'est rouge, rouge cramoisi, Caudle, si seulement tu pouvais le voir correctement - rouge cramoisi, avec les cœurs que ces boules ont brisés. Ne me dites pas de ne pas être pathétique – je le ferai : aussi pathétique que cela me convient. Je suppose que je peux parler. Cependant, je l'ai fait. Tout est réglé maintenant. Vous êtes une joueuse de billard et je suis une misérable femme.

" *Je n'ai nié aucune de ces positions* ", écrit Caudle, " *et pour cette raison, je voulais dormir* ."

CONFÉRENCE LA DERNIÈRE - MME. CAUDLE A PRIS FROID ; LA TRAGÉDIE DES CHAUSSURES FINES

« Je ne vais pas vous contredire, Caudle ; vous pouvez dire ce que vous voulez, mais je pense que je devrais mieux connaître mes propres sentiments que vous. Je ne veux pas non plus vous faire de reproches ; Je suis trop malade pour ça ; mais ce n'est pas se mouiller avec des chaussures fines, - oh, non ! c'est mon esprit, Caudle, mon esprit, qui me tue. Oh oui! la bouillie, en effet, vous pensez que la bouillie guérit une femme de tout ; et tu sais aussi à quel point je déteste ça. Gruel ne peut atteindre ce que je souffre ; mais, bien sûr, personne n'est jamais malade à part vous-même. Eh bien, je... je ne voulais pas dire ça ; mais quand on parle ainsi de chaussures fines, une femme dit bien sûr ce qu'elle ne veut pas dire ; elle n'y peut rien. Vous avez toujours parlé de mes chaussures ; quand je pense que je suis le juge le plus apte de ce qui me convient le mieux. J'ose dire : « Cela vous serait égal si je mettais des bottes de laboureur ; mais je ne vais pas faire une figure de mes pieds, je peux vous le dire. Je n'ai jamais eu froid avec les chaussures que j'ai portées, et il est peu probable que je devrais commencer maintenant.

« Non, Caudle ; Je ne voudrais rien dire pour t'accuser : non, Dieu sait, je ne te mettrais mal à l'aise pour rien au monde, - mais le rhume que j'ai, je l'ai eu il y a dix ans. Je n'en ai jamais rien dit, mais cela ne m'a jamais quitté. Oui; il y a dix ans avant-hier.

« *Comment puis-je m'en souvenir ?*

« Oh, très bien : les femmes se souviennent de choses auxquelles on ne pense jamais : pauvres âmes ! ils ont de bonnes raisons de le faire. Il y a dix ans, je t'attendais, - là maintenant, je ne vais rien dire pour te vexer, laisse-moi seulement parler : il y a dix ans, je t'attendais, et je me suis endormi, et le le feu s'est éteint et quand je me suis réveillé , j'ai découvert que j'étais assis juste au milieu du trou de la serrure. C'était ma mort, Caudle, mais que cela ne t'inquiète pas, mon amour ; car je ne pense pas que vous vouliez le faire.

"Ha! c'est très bien pour vous d'appeler cela des bêtises ; et de mettre votre mauvaise conduite sur mes chaussures. C'est comme un homme, exactement ! Il n'y a jamais eu d'homme qui ait tué sa femme sans pouvoir donner une bonne raison pour cela. Non : je ne veux pas dire que tu m'as tué : bien au contraire : pourtant il n'y a jamais eu un jour où je n'ai pas senti ce trou de serrure. Quoi?

« *Pourquoi n'ai-je pas de médecin ?*

« A quoi sert un médecin ? Pourquoi devrais-je vous mettre aux frais ? En plus, j'ose dire que tu te débrouilleras très bien sans moi, Caudle : oui, après très peu de temps, je ne te manquerai plus beaucoup - aucun homme ne le fait jamais.

« Peggy me dit que Miss Prettyman a appelé aujourd'hui.

« *Et alors* ?

« Rien, bien sûr. Oui; Je sais qu'elle a entendu dire que j'étais malade, et c'est pour ça qu'elle est venue. Un peu indécent, je pense, M. Caudle ; elle pourrait attendre ; Je ne serai pas sur son chemin longtemps ; elle aura peut-être bientôt la clé du caddy, maintenant.

"Ha! M. Caudle, à quoi bon m'appeler votre âme la plus chère maintenant ? Eh bien, je te crois. J'ose dire que vous le pensez vraiment ; c'est-à-dire que j'espère que vous le ferez. Néanmoins, vous ne pouvez pas vous attendre à ce que je puisse rester tranquille dans ce lit et penser à cette jeune femme — même si elle n'est pas si jeune qu'elle se livre. Je n'ai aucune méchanceté envers elle, Caudle, et pas des moindres. Pourtant, je ne pense pas que je pourrais reposer en paix dans ma tombe si… eh bien, je ne dirai rien de plus à son sujet ; mais tu vois ce que je veux dire.

«Je pense que ma chère mère garderait magnifiquement la maison pour toi quand je serai parti. Eh bien, mon amour, je ne parlerai pas de cette façon si tu le désires. Pourtant, je sais que j'ai un terrible rhume ; même si je ne permettrai pas que ce soit les chaussures pendant une minute - certainement pas. Je ne les porterais jamais épais, et tu le sais, et ils ne m'ont encore jamais attrapé froid. Non, très cher Caudle, cela fait dix ans que cela s'est produit ; ce n'est pas que je dirai une seule syllabe pour te blesser. Je mourrais en premier.

« Mère, voyez-vous, connaît toutes vos petites manières ; et vous ne voudriez pas qu'une autre femme vous étudie et vous caresse comme je l'ai fait - une seconde femme ne le fait jamais ; il est peu probable qu'elle le devrait. Et après tout, nous avons été très heureux. Ce n'est pas ma faute si nous avons déjà eu un mot ou deux, car vous ne pouviez pas vous empêcher d'être agaçant de temps en temps ; personne ne peut toujours calmer son humeur, - surtout les hommes. Nous avons quand même été très heureux, n'est-ce pas, Caudle ?

"Bonne nuit. Oui, ce rhume me déchire ; mais pour autant, ce ne sont pas les chaussures. Que Dieu vous bénisse, Caudle ; non, ce ne sont *pas* les chaussures. Je ne dirai pas que c'est le trou de la serrure ; mais je le répète , ce ne sont pas les chaussures. Que Dieu vous bénisse encore une fois — Mais ne dites jamais que ce sont les chaussures.

Le croquis significatif ci-dessus est une copie correcte d'un dessin de la main de Caudle à la fin de cette conférence. Nous pensons qu'il est difficile d'imaginer que Mme Caudle, pendant sa maladie mortelle, n'ait jamais mélangé la réprimande avec l'apaisement comme auparavant ; mais de telles conférences fragmentaires étaient sans doute considérées par son veuf inconsolable comme ayant une portée trop touchante et trop solennelle pour être vulgarisées par type. Ils étaient cependant imprimés sur le cœur de Caudle ; car il ne cessa jamais de parler de son défunt partenaire de lit comme de « sa sainte créature » ou de « cet ange maintenant au ciel ».

POST-SCRIPT

Notre devoir de rédaction est terminé. Nous espérons avoir honnêtement accompli la tâche de sélection parmi une grande masse de documents. Nous aurions pu présenter au monde féminin une conférence tous les soirs de l'année. Oui, - trois cent soixante-cinq conférences distinctes ! Nous sommes toutefois convaincus que nous en avons fait suffisamment. Et si nous avons armé une femme faible d'un seul argument dans sa lutte inégale avec cette créature impérieuse qu'est l'homme - si nous avons accordé à un sexe, comme Mme Caudle elle-même avait coutume de le déclarer, « mis à contribution dès le début », le moindre moyen de défense - si nous avons fourni un texte unique pour répondre à l'un des multiples torts dont la femme, dans sa vie de ménage, est continuellement pressée par son maître tyrannique, l'homme, - nous sentons que nous n'avons rendu qu'un grain, à peine une, de cette montagne de plus que de l'or que nous avons le bonheur de lui devoir.

Au cours de ces conférences, nous avons très souvent souffert, et cela excessivement, d'entendre de la part d'hommes irréfléchis et inexpérimentés - célibataires bien sûr - que chaque femme, aussi divinement composée soit-elle, a dans ses veines ichor une goutte - "pas plus gros qu'un œil de troglodyte" - de Caudle ; qu'Ève elle-même a peut-être été coupable de temps en temps d'une conférence, la murmurant doucement parmi les feuilles de rose. Il se peut que ce soit le cas ; pourtant, même si c'est notre fierté de ne jamais y croire. JAMAIS!

Notes de bas de page :

{1} L'auteur n'avait que 42 ans lorsqu'il a commencé les "Conférences Caudle".